AF453549

ÉLÉMENTS DE GÉOGRAPHIE

—

EUROPE

ÉLÉMENTS DE GÉOGRAPHIE

EUROPE

PAR

JACQUES GEBELIN

ANCIEN ÉLÈVE DE L'ÉCOLE NORMALE SUPÉRIEURE

AGRÉGÉ D'HISTOIRE ET DE GÉOGRAPHIE

DOCTEUR ÈS LETTRES

PROFESSEUR ADJOINT A LA FACULTÉ DES LETTRES DE BORDEAUX

PARIS

G. MASSON, ÉDITEUR

Boulevard Saint-Germain, 120.

BORDEAUX

FERET ET FILS, ÉDITEURS

Cours de l'Intendance, 15.

1888

ÉLÉMENTS DE GÉOGRAPHIE

EUROPE

Situation. — L'Europe est comprise entre le 35e degré et le 71e degré de latitude nord, le 13e degré de longitude ouest et le 60e degré de longitude est environ. — Bornes : Océan glacial arctique. Atlantique. Méditerranée, Caucase. Mer Caspienne, fleuve Oural, monts Oural.

Mers. — Mer formée par l'Océan glacial arctique : mer Blanche.

Mers formées par l'Atlantique : mer d'Irlande, Manche, mer du Nord, mer Baltique.

Mers formées par la Méditerranée : mer Tyrrhénienne, mer Ionienne, mer Adriatique, Archipel; mer de Marmara, mer Noire, mer d'Azov.

Grâce au courant d'eaux tièdes venu des mers tropicales d'Amérique, et désigné habituellement sous le nom de Gulf-Stream, les côtes européennes de l'Atlantique sont libres de glaces; il en est de même, jusqu'à l'entrée de la mer Blanche, pour les côtes du continent européen que baigne l'Océan glacial arctique (partie occidentale). — La mer Blanche est prise par les glaces pendant huit mois de l'année.

La profondeur de l'Atlantique proprement dit augmente rapidement à mesure qu'on s'éloigne des côtes; elle dépasse 4,000 mètres entre l'Europe et l'Amérique. — Au contraire, la profondeur des mers formées par l'Atlantique est peu considérable et n'atteint le plus souvent pas 100 mètres.

La marée est très forte dans le canal de Bristol et dans la Manche. — La mer du Nord renferme de nombreux bancs de sable sous-marins (le Dogger-Bank); elle est très poissonneuse (morues, harengs). — La mer Baltique est peu salée; la marée y est très peu sensible; le nord de la Baltique (golfes de Botnie et de Finlande) et une grande partie des côtes de cette mer gèlent tous les ans.

La Méditerranée est une mer profonde. Elle est divisée en deux bassins par la Sicile et par une ligne de hauts fonds entre la Sicile et la Tunisie : la profondeur atteint 3,000 mètres dans le bassin occidental et près de 4,000 mètres dans le bassin oriental. La Méditerranée est plus salée que l'Atlantique. Sauf en quelques endroits, et notamment sauf dans l'Adriatique, la marée y est insensible.

La mer Noire et la mer d'Azov, son annexe, forment une région maritime distincte de la Méditerranée proprement dite. Elles sont beaucoup moins salées que l'Atlantique et déversent leurs eaux superficielles dans l'Archipel par un courant qui traverse le détroit de Constantinople, la mer de Marmara et les Dardanelles. La mer d'Azov gèle souvent et les côtes septentrionales de la mer Noire sont de temps à autre prises par les glaces. La mer d'Azov est très peu profonde (13 mètres de plus grande profondeur); mais la plus grande profondeur connue de la mer Noire atteint près de 2,000 mètres.

La mer Caspienne, dont le niveau est à 26 mètres au-dessous de celui de la mer Noire, occupe le fond d'une vaste dépression que les eaux reliaient naguère à la mer Noire, et est entourée dans sa partie septentrionale (cours inférieurs du Volga et de l'Oural) de steppes sablonneuses au-dessous du niveau de la Méditerranée. Très peu profonde et glacée en hiver dans sa partie septentrionale, où elle est bordée de rives plates, elle atteint plus de 900 mètres de profondeur au sud-ouest, dans le voisinage du Caucase.

Golfes. — Golfes de Botnie, de Finlande, de Riga ou de Livonie. Zuiderzee. Canal de Bristol, golfe de Gascogne. — Golfes du Lion, de Gênes. Golfe de Tarente. Golfe de Venise. Golfe de Corinthe. Golfe de Salonique.

Détroits. — Skager Rak, Kattegat, Sund, Grand-Belt, Petit-Belt. Pas-de-Calais. Canal du Nord, canal de Saint-Georges. — Détroit de Gibraltar. — Détroit de Bonifacio. Détroit de Messine. Détroit d'Otrante. Dardanelles (Hellespont), Bosphore ou détroit de Constantinople. Détroit de Kertch ou d'Iénikalé.

Presqu'îles. — Péninsule scandinave. Péninsule hispanique, péninsule italique, péninsule des Balkans. — Jutland. Péloponése ou Morée, avec l'isthme de Corinthe. Crimée, avec l'isthme de Perekop.

Iles. — Dans la région des glaces polaires : Spitzberg, Terre de François-Joseph (au nord du 80ᵉ degré de latitude), Nouvelle-Zemble. — Islande, îles Færœer. Iles britanniques (Grande-Bretagne, Irlande, Hébrides, Orcades, îles Shetland). Archipel danois (Seeland, Fionie). OEland, Gotland; Dagœ, OEsel. — Iles Baléares; Corse; Sardaigne, Sicile; Malte; îles Ioniennes; île de Crète; Eubée, Cyclades.

Caps. — Cap Nord. Cap Lindesnæs. Caps Lizard et Lands End. Pointe Saint-Mathieu. Cap Finisterre, cap Saint-Vincent. — Cap Matapan.

Relief. — L'Europe, considérée dans son ensemble, renferme une région de plaines dans sa partie orientale, une région de montagnes dans sa partie centrale et occidentale; les diverses extrémités sont montagneuses.

Plaines. — La région de plaines va en s'élargissant de l'ouest à l'est. Elle comprend le sud de l'Angleterre, le nord-est de la France, la plus grande partie de la Belgique, la Hollande, l'Allemagne du Nord, le Danemark, la Suède méridionale, la Russie.

Montagnes. — Outre les trois péninsules qui terminent l'Europe au sud, outre une partie des Iles britanniques et de la péninsule scandinave, la région de montagnes comprend la France centrale et orientale, la Suisse, l'Allemagne du sud et du centre, une grande partie de la monarchie austro-hongroise. — Dans cette région montagneuse s'intercalent quelques grandes plaines (plaines de l'Italie septentrionale, de la Hongrie, de la Roumanie).

Les principaux systèmes de montagnes sont :

Au centre : les Alpes, autour desquelles se groupent : au nord-ouest et à l'ouest, le Jura, la Forêt-Noire et les Vosges, le massif central de la France; au nord, les plateaux et les montagnes de l'Allemagne du sud et du centre, le plateau de Bohême; à l'est, les Carpathes.

Au sud : les Pyrénées, le plateau central de l'Espagne, la Sierra-Nevada. — Les Apennins. — Les Balkans et les montagnes de la péninsule dite des Balkans (monts de Bosnie, Rhodope, Pinde).

Au nord : les montagnes de la Grande-Bretagne (montagnes du pays de Galles, Grampians) et de l'Irlande. — Les Alpes scandinaves.

À l'est : l'Oural.

Au sud-est : le Caucase.

Alpes.

Les Alpes accidentent le sud-est de la France, la Suisse, l'Italie septentrionale, l'extrémité méridionale de la Bavière, l'Autriche.

Les Alpes ne forment pas une arête continue; elles se composent d'une série de massifs séparés par de profondes coupures.

Les massifs alpestres s'étendent : à l'ouest, jusqu'au Rhône; à l'est, jusqu'au Danube; ils ont leurs plus grandes élévations à l'ouest, leur plus grande largeur à l'est. Au nord, ils s'abaissent peu à peu sur les plateaux de Suisse et de Bavière; au sud, ils tombent en pente rapide sur les plaines d'alluvion de l'Italie septentrionale. Ils sont bordés, au nord et au sud, par une rangée de lacs.

Les Alpes ([1] renferment les plus hauts massifs de l'Eu-

[1] Le Caucase, plus haut que les Alpes, est plutôt asiatique qu'européen.

rope (mont Blanc, 4,810 mètres). Par leurs neiges permanentes (au-dessus de 2,700 mètres d'altitude), par leurs glaciers qui descendent jusqu'à 1,000 mètres d'altitude, elles alimentent de nombreux cours d'eau.

Les Grandes Alpes ou Alpes principales ont une direction générale du sud-ouest au nord-est, du mont Blanc à Vienne, sur le Danube. L'axe des Grandes Alpes est granitique; il est bordé au nord et au sud par des massifs latéraux composés généralement de roches d'origine sédimentaire; ces massifs latéraux sont formés souvent : au nord, de roches calcaires: au sud, de roches dolomitiques (transformation du calcaire en roches cristallines par des éjections d'origine ignée). — Les Alpes décrivent en outre deux courbes à leurs extrémités : au sud-ouest, entre l'Italie et la France, elles s'abaissent jusqu'à la rencontre des Apennins; au sud-est, entre l'Italie et l'Autriche, elles s'abaissent jusqu'à la rencontre des plateaux calcaires de l'Illyrie qui se rattachent, par les Alpes dinariques, au système montagneux de la péninsule des Balkans.

Toutes les divisions classiques des Alpes ont un caractère plus ou moins arbitraire. On peut distinguer dans les Alpes les divisions suivantes :

Grandes Alpes, de l'ouest à l'est, du mont Blanc à Vienne. *Axe principal.* — 1° Alpes pennines, du massif du mont Blanc au massif du Saint-Gothard.

2° Alpes centrales, du massif du Saint-Gothard au massif de la Bernina.

3° Alpes rhétiques, du massif de la Bernina au col du Brenner. Elles se composent de deux masses granitiques parallèles, séparées par la haute vallée de l'Inn : au sud, les Alpes rhétiques proprement dites; au nord, les Alpes des Grisons.

4° Alpes noriques, du col du Brenner au Danube. Elles comprennent diverses sections bien distinctes : à l'ouest, les Hohe Tauern; à l'est, deux chaînes de granit plus basses, séparées par la Mur (affluent de gauche de la Drave), savoir : les Kleine Tauern, au nord: les Alpes de Styrie, au sud.

Massifs latéraux, au nord. — 1° Alpes bernoises, entre le Rhône et l'Aar.

2° Alpes des Quatre cantons, entre l'Aar et la Reuss.

3° Alpes de Glaris, avec le massif du Tœdi, entre la Reuss, le Rhin et le lac de Wallenstadt.

4° Alpes de Saint-Gall et d'Appenzell, entre le lac de Wallenstadt, le Rhin et le lac de Constance.

5° Alpes du Voralberg, Alpes de l'Algau, Alpes bavaroises, entre le Rhin et l'Inn.

6° Alpes de Salzbourg, entre l'Inn et la Traun (affluent de droite du Danube).

7° Alpes autrichiennes, à l'est de la Traun.

Massifs latéraux, au sud. — 1° Alpes du Tessin, massif de granit entre le Toce (affluent occidental du lac Majeur) et le Tessin.

2° Alpes du Bergamasque, entre l'Adda et l'Oglio.

3° Massifs entre le haut Adda et l'Oglio à l'ouest, l'Adige à l'est, savoir : massifs de l'Ortler et de l'Adamello ; Alpes du Chiese (à l'ouest du lac de Garde), Monte-Baldo (à l'est du lac de Garde).

4° Alpes cadoriques, encore appelées, d'après leur formation géologique, Alpes dolomitiques, entre l'Adige et le Piave.

ALPES DU SUD-OUEST. — 1° Alpes grées, du massif du mont Blanc au col du mont Cenis.

2° Alpes cottiennes, du col du mont Cenis au massif du mont Viso.

3° Alpes maritimes, du massif du mont Viso au col de Cadibone.

Massifs latéraux. — Alpes de Savoie, du Dauphiné (massif de l'Oisans), de Provence (¹).

ALPES DU SUD-EST. — Elles sont séparées des Hohe Tauern par une profonde dépression (le Pusterthal) qui comprend le cours supérieur de la Drave et celui du Rienz, dont les eaux vont à l'Adige.

______

(¹. Pour le détail des Alpes françaises, voir mes *Éléments de Géographie, France.*

1° Alpes carniques, de la Drave au mont Terglou.

2° Alpes juliennes et plateau du Karst, du mont Terglou au golfe de Quarnero.

CHEMINS DE FER DES ALPES. — *Lignes transversales.* Paris à Turin par le col du Fréjus (tunnel de 12 kilomètres).

Zurich à Milan par le col du Saint-Gothard (tunnel de 15 kilomètres).

Innsbruck à Vérone par le col du Brenner.

Vienne à Venise par le col du Semmering (Alpes noriques) et le col de Tarvis (Alpes carniques).

Vienne à Trieste par le col du Semmering et le col d'Adelsberg (Alpes juliennes).

Lignes longitudinales. Innsbruck à Zurich par le col de l'Arlberg (tunnel de 10 kilomètres).

Ligne du Pusterthal (jonction entre la ligne d'Innsbruck à Vérone et la ligne de Vienne à Venise).

Lacs. — Lacs Ladoga, Onega, Saïma, Peipous. — Lacs Wenern, Wettern, Mælaren. — Lac Léman, lac de Constance; lacs Majeur, de Côme, de Garde. — Lac Balaton.

Fleuves. — Petchora, Dvina du nord. Tornea; Neva, Dvina occidentale ou Duna; Niemen, Vistule, Oder. — La Vistule (en polonais *Wisla*, en allemand *Weichsel*) est le fleuve polonais par excellence; elle a son cours supérieur (Cracovie) en Autriche, son cours moyen (Varsovie) en Russie et finit en Prusse (Danzig).

Glommen. Elbe, Weser; Rhin, Meuse, Escaut. Tamise. — Le Rhin (en allemand *der Rhein*), 1,300 kilomètres de long, a son cours supérieur (des sources à Bâle) en Suisse, son cours moyen (de Bâle à Bonn) et une partie de son cours inférieur dans l'empire allemand, et finit en Hollande.

Seine.

Shannon; Severn. Loire, Garonne, Adour. Minho, Douro, Tage. Guadiana, Guadalquivir.

Ebre; Rhône; Arno, Tibre. Pô, Adige. Maritza.

Danube, Dniestr, Dniepr. Don. — Le Danube (en allemand *die Donau*), 2,800 kilomètres, est le premier fleuve de l'Europe pour le volume des eaux. Des sources à Passau, il coule sur le plateau de l'Allemagne du sud. De Passau à Presbourg, il traverse l'empire d'Autriche par un long couloir, le plus souvent resserré entre les montagnes, et qui relie le bassin allemand au bassin hongrois du Danube. De Presbourg aux Portes de fer, le Danube, devenu un fleuve de premier ordre, parcourt la plaine hongroise. Des Portes de fer à la mer Noire, il baigne, par sa rive gauche, une plaine d'alluvion; il sépare la Roumanie, à gauche, de la Serbie et de la Bulgarie, à droite, puis, par son embouchure septentrionale, il forme frontière entre la Russie et la Roumanie.

Volga (3,800 kilomètres), le fleuve le plus long de l'Europe; Oural.

Climat. — L'Europe est le continent le plus sain. Considérée dans son ensemble, elle jouit d'un climat tempéré et égal. Très découpée, elle reçoit par l'ouest l'influence adoucissante des courants maritimes et aériens venus des régions tropicales. Dans l'intérieur du continent européen, la chaleur décroît de l'ouest à l'est; la grande plaine massive de l'Europe orientale a un climat extrême qui forme transition avec le climat de l'Asie. — Dans l'Europe du nord-ouest, la température est particulièrement humide. Dans l'Europe méridionale, le ciel est remarquable par sa pureté et l'été par sa sécheresse, et le climat forme transition avec celui de l'Afrique du Nord.

Géographie politique. — Outre quelques états minuscules (principauté de Liechtenstein, satellite de l'Autriche; principauté de Monaco et république d'Andorre, satellites de la France; république de Saint-Marin, satellite de l'Italie), l'Europe comprend les états suivants:

Au centre : Suisse, capitale Berne; empire allemand, capitale Berlin; Autriche-Hongrie, capitale Vienne. Belgique, capitale Bruxelles; Hollande, capitale La Haye; Luxembourg, capitale Luxembourg.

A l'ouest : France, capitale Paris. ,

Au nord : Iles britanniques, capitale Londres. Danemark, capitale Copenhague ; Suède, capitale Stockholm, et Norvège, capitale Christiania. — Le Danemark, la Suède et la Norvège forment le groupe des états scandinaves.

A l'est : Russie, capitale Saint-Petersbourg.

Au sud : Portugal, capitale Lisbonne ; Espagne, capitale Madrid. Italie, capitale Rome. Roumanie, capitale Bucharest ; Serbie, capitale Belgrade ; Montenegro, capitale Cettinié ; Turquie, capitale Constantinople ; Bulgarie, capitale Sofia. Grèce, capitale Athènes.

Sauf la Suisse et la France, dont le gouvernement est républicain, tous ces états ont un gouvernement monarchique. — Sauf la Russie, le Montenegro et la Turquie, tous ces états ont des assemblées législatives. Le suffrage universel existe en Suisse, dans l'empire allemand (pour l'élection du Reichstag), en France, en Danemark, en Grèce, et presque en Portugal.

Races. — La plupart des habitants de l'Europe appartiennent à la famille indo-européenne qui comprend trois races principales : race latine à l'ouest, race germanique au centre, race slave à l'est.

Race latine. — A l'ouest : Français (France, Suisse occidentale, moitié de la Belgique), Italiens, Espagnols, Portugais ; à l'est : Roumains. — Les limites de la langue roumaine (Transylvanie, Roumanie, Hongrie orientale, Bessarabie) décrivent un cercle autour du plateau des Carpathes du sud comme centre.

Race germanique. — Allemands (empire allemand, Alpes de l'Autriche, Suisse orientale et centrale, Luxembourg); Flamands (moitié de la Belgique), Hollandais; Anglo-Saxons, mélangés d'éléments celtiques ; peuples scandinaves (Danois, Norvégiens, Suédois).

Race slave. — Elle peuple la Russie, l'ancien royaume de Pologne, une grande partie de l'Autriche-Hongrie et de la péninsule des Balkans. Elle comprend comme principaux peuples : dans le groupe des Slaves du nord, les

Russes, les Ruthènes, les Polonais, les Tchèques ; dans le groupe des Slaves du sud, les Serbes et les Croates, les Bulgares.

La famille indo-européenne comprend en outre quelques races secondaires : Celtes (Bretagne, Irlande occidentale, haute Écosse) ; Lithuaniens ; Albanais et Grecs. — Les Grecs qui peuplent, outre le royaume de Grèce, tout le pourtour de la mer de Marmara et de l'Archipel, les iles de l'Archipel et de la Méditerranée orientale, sont la plus importante de ces races.

La famille touranienne a pour principaux représentants en Europe les Magyars (plaine hongroise). Elle comprend en outre, dans l'Europe orientale, diverses races plus ou moins éparses : Turcs, Tartares, Finnois, etc.

La famille sémitique a des représentants (Juifs) dans toute l'Europe et surtout dans l'Europe orientale.

Les Basques, sur les deux versants des Pyrénées occidentales, forment une race complètement à part.

Religions. — La plupart des habitants de l'Europe appartiennent à la religion chrétienne qui se divise en trois grandes églises : église catholique, église protestante, église grecque orientale.

Les catholiques forment la majorité de la population de l'Autriche-Hongrie, la très grande majorité de la population de la France. Ils composent presque exclusivement la population de la Belgique, du Luxembourg, du Portugal, de l'Espagne, de l'Italie. — En outre, la plus grande partie des habitants de l'Irlande et les Polonais sont catholiques.

Les protestants forment la majorité de la population de la Suisse, de l'empire allemand, de la Hollande, des Iles britanniques. Ils composent presque exclusivement la population des états scandinaves.

Les membres de l'église grecque orientale sont en majorité dans la Russie et la péninsule des Balkans. Ils composent presque exclusivement la population de la Grèce.

On compte en outre environ 7 millions d'Israélites

(surtout dans l'Europe orientale) et 6 millions de musulmans épars dans la péninsule des Balkans et la Russie.

Statistique. — Superficie de l'Europe : 10 millions de kilomètres carrés. — Population : 347 millions d'habitants (34 habitants par kilomètre carré).

États dont la superficie est la plus considérable : Russie, Suède et Norvège comptées ensemble, Autriche-Hongrie, empire allemand, France, Espagne.

États qui ont le plus d'habitants : Russie, empire allemand, Autriche-Hongrie, France, Iles britanniques, Italie.

États les plus peuplés par rapport à la superficie : Belgique, Hollande, Iles britanniques, Italie, empire allemand, France.

États dont le budget des recettes est le plus considérable : France, Russie, Iles britanniques, empire allemand, Autriche-Hongrie, Italie.

États dont la dette publique est la plus considérable : France, Russie, Iles britanniques, Autriche-Hongrie, Italie, empire ([1]) allemand.

États dont l'armée de terre (effectif budgétaire de paix) est la plus considérable : Russie, France, empire allemand, Autriche-Hongrie, Italie, Iles britanniques. — Tous les grands états (sauf les Iles britanniques) et la plupart des états ont adopté, pour le recrutement de leurs troupes de ligne, le principe du service obligatoire. La plupart des états s'efforcent, par diverses combinaisons qui se rapprochent plus ou moins de l'organisation militaire allemande, de mobiliser progressivement tous les hommes valides.

États dont la flotte de guerre est la plus considérable : Iles britanniques, France, Russie, empire allemand, Italie, Espagne.

États qui produisent le plus de céréales en général : Russie, empire allemand, France, Autriche-Hongrie, Iles

______

([1]) Y compris, comme pour le budget des recettes, la part des divers états qui composent l'empire allemand.

britanniques. — États qui produisent le plus de blé : France, Russie, Italie, Espagne, Autriche-Hongrie. — États qui produisent le plus de pommes de terre : empire allemand, Russie, Autriche-Hongrie, Iles britanniques.

États qui produisent le plus de vin : France, Italie, Espagne, Autriche-Hongrie, Portugal.

États qui ont le plus de bétail : Russie, Iles britanniques, France, Autriche-Hongrie, empire allemand.

États les plus boisés : Russie, Suède et Norvége, Autriche Hongrie, empire allemand.

États qui produisent le plus de houille : Iles britanniques, empire allemand, France, Belgique, Autriche-Hongrie.

États dont l'industrie textile est la plus productive : Iles britanniques, France, empire allemand, Autriche-Hongrie, Russie.

États dont le commerce extérieur est le plus considérable : Iles britanniques, France, empire allemand, Russie, Hollande, Autriche-Hongrie.

États dont la marine marchande est la plus considérable : Iles britanniques, empire allemand, France, Norvége, Italie.

États qui ont le plus de voies navigables intérieures : Russie, empire allemand, France, Iles britaniques, Autriche-Hongrie.

États qui ont le plus de chemins de fer : empire allemand, France, Iles britanniques, Russie, Autriche-Hongrie.

Presque tous les états ont adopté le système métrique décimal, soit à titre obligatoire, soit à titre facultatif. — En vertu de conventions internationales, la France, la Grèce, l'Italie, la Suisse, la Belgique ont les mêmes monnaies d'or et d'argent. Divers autres pays (Espagne, Bulgarie, Roumanie, Serbie) ont adopté aussi le même système monétaire.

États dont les possessions hors d'Europe ont le plus de superficie : Iles britanniques, Russie, Turquie, France, Hollande, Portugal, Espagne.

États dont les possessions hors d'Europe sont les plus

peuplées : Iles britanniques, France, Hollande, Turquie, Russie, Espagne, Portugal.

SUISSE

Bornes. — Empire allemand (Alsace, Bade, Würtemberg). Autriche et principauté de Liechtenstein. Italie. France.

Relief. — Alpes; Jura; haute plaine suisse entre les Alpes et le Jura.

Alpes suisses.

Grandes Alpes. — 1º **Alpes pennines,** du massif du mont Blanc au massif du Saint-Gothard, avec les massifs du Cervin et du mont *Rose.* Cols du Grand Saint-Bernard (chemin de Martigny à Aoste), du *Simplon* (route de Brieg à Domo d'Ossola). — Les Alpes pennines renferment *les plus hauts massifs* alpestres.

2º **Alpes centrales,** du massif du *Saint-Gothard* au massif de la *Bernina,* avec le massif de l'*Adula.* Col du Saint-Gothard (route et chemin de fer de Zurich à Milan par Altorf et Bellinzona; tunnel de 15 kilomètres, de Geschenen, sur la Reuss, à Airolo, sur le Tessin); cols du *San-Bernardino* (route de Coire à Bellinzona), du *Splügen* (route de Coire à Chiavenna), de la Maloïa (route de la haute vallée de l'Inn à Chiavenna). — Les Alpes centrales ont un rôle important dans le *partage des eaux :* du massif du Saint-Gothard sortent le Rhône à l'ouest, le Rhin à l'est, la Reuss au nord, le Tessin au sud.

3º **Alpes rhétiques** (partie occidentale), du massif de la Bernina au col de Reschen. — Parallèlement aux Alpes rhétiques proprement dites, **Alpes des Grisons,** entre le haut Inn et le Rhin, depuis le col de la Maloïa jusqu'au massif de la Silvretta, avec plusieurs routes (cols du Julier, de l'Albula, etc.) qui relient Coire à l'Engadine. — Du massif de la Silvretta se détache un contrefort épais, le *Rhœticon*, qui forme frontière entre la Suisse et l'Autriche.

Massifs latéraux, au nord. — 1° **Alpes bernoises,** entre le Rhône et l'Aar. Sommets du *Finster-Aar-Horn*, de la *Jungfrau*. — Les Alpes bernoises renferment les plus grands glaciers des Alpes (glacier d'Aletsch).

2° **Alpes des Quatre cantons,** entre l'Aar et la Reuss.

3° **Alpes de Glaris,** avec le massif du *Tœdi*, entre la Reuss, le Rhin et le lac de Wallenstadt. — Plus au nord, Alpes de Schwyz, avec le sommet du Righi.

4° **Alpes de Saint-Gall et d'Appenzell,** entre le lac de Wallenstadt, le Rhin et le lac de Constance.

Massifs latéraux, au sud. — **Alpes du Tessin,** entre le Toce et le Tessin (¹).

Jura. — Le Jura suisse, formé, comme le Jura français, de *roches calcaires* et de *chaînons parallèles*, tombe, en pente rapide sur les lacs de Neuchâtel et de Bienne et sur le bas Aar. Il s'abaisse du sud au nord ; sommets de près de 1,700 mètres au sud (Dôle, Mont-Tendre), de 1,600 mètres au centre (Chasseral), de 1,000 à 800 mètres au nord (Mont-Terrible).

Le Jura est traversé par de nombreuses routes et par plusieurs chemins de fer : chemins de fer de Lausanne à Pontarlier par le col de Jougne ; de Neuchâtel à Pontarlier par le val de Travers et le *col des Verrières* ; de Bienne à Belfort par Porrentruy et Delle ; de Bienne à Bâle par la vallée de la Birse ; d'Olten à Bâle (²).

Cours d'eau et lacs. — La Suisse a des eaux abondantes, alimentées par les glaciers et surtout par les neiges et par des pluies fréquentes.

(¹) Mont-Blanc, 4,810 mètres ; Cervin, 4,482 ; mont Rose, 4,638. Massif du Saint-Gothard (point culminant), 3,189 ; Adula, 3,398 ; Bernina, 4,052 ; Silvretta, 3,416. Finster-Aar-Horn, 4,275 ; Jungfrau, 4,167. Tœdi, 3,623 ; Righi, 1,800.

(²) Pour plus de détails sur le Jura, voir mes *Éléments de Géographie, France.* — Dôle, 1,678 mètres ; Mont-Tendre, 1,680 ; Chasseral, 1,609.

1° Le cours supérieur du Rhin, des sources à Bâle. Le Rhin (en allemand *der Rhein*) est formé par la réunion de nombreux torrents qui descendent des Alpes centrales; les principaux sont le Rhin antérieur *(Vorder Rhein)*, qui sort du Saint-Gothard, et le Rhin postérieur *(Hinter Rhein)*, qui sort de l'Adula. Le Rhin laisse à droite Coire, traverse le lac de Constance (en allemand *Boden See*), passe à Schaffhouse, au-dessous de laquelle il forme une chute de vingt mètres de haut, et sort de Suisse au-dessous de *Bâle*.

Le Rhin reçoit à gauche :

La Thur.

L'Aar, qui sort des glaciers des Alpes bernoises, forme les *lacs de Brienz et de Thun*, passe à *Berne*, Soleure, Olten, Aarau. L'Aar, à son confluent, a plus d'eau que le Rhin. — L'Aar reçoit à droite : l'Emmen; la *Reuss*, qui sort du Saint-Gothard, laisse à droite Altorf, forme le lac des Quatre cantons, en sort à Lucerne, reçoit à droite les eaux du *lac de Zug*; la *Limmat*, qui s'appelle d'abord la Linth, sort du Tœdi, passe à Glaris, est rejetée par un canal dans le lac de Wallenstadt, entre dans le lac de Zurich, en sort à *Zurich* et s'appelle alors la Limmat. — L'Aar reçoit à gauche : la Sarine qui passe à Fribourg; la Zihl, qui sert d'écoulement au lac de Neuchâtel et au *lac de Bienne*; le lac de Neuchâtel reçoit au nord-est les eaux du lac de Morat.

La Birse, qui traverse le Jura et finit au-dessus de Bâle.

2° Le cours supérieur du Rhône. Le Rhône sort d'un glacier, au col de la Furca (au nord-ouest du massif du Saint-Gothard), passe à Sion, forme le lac Léman près duquel est Lausanne, en sort à *Genève* où il reçoit à gauche l'Arve, puis entre en France.

3° Une partie du cours supérieur du *Doubs* qui forme frontière avec la France.

4° Le cours supérieur du Tessin. Le Tessin sort du Saint-Gothard, passe à Bellinzona, forme le lac Majeur dont l'extrémité septentrionale, avec Locarno, appartient à la Suisse. Ce lac reçoit à l'est les eaux du *lac de Lugano*.

5° Le cours supérieur de l'Inn (Engadine). L'Inn sort de la Maloïa.

Climat. — Variable suivant l'altitude.

Géographie politique. — La Suisse, capitale Berne, se divise en 22 cantons :

A l'ouest : Berne, chef-lieu Berne.
Neuchâtel, chef-lieu Neuchâtel.
Fribourg, chef-lieu Fribourg.
Vaud, chef-lieu Lausanne.
Genève, chef-lieu Genève.

Au nord : Bâle, divisé en deux demi-cantons (Bâle-ville, chef-lieu Bâle ; Bâle-campagne, chef-lieu Liestal).
Soleure, chef-lieu Soleure.
Argovie, chef-lieu Aarau.
Zurich, chef-lieu Zurich.
Schaffhouse, chef-lieu Schaffhouse.
Thurgovie, chef-lieu Frauenfeld.

A l'est : Appenzell, divisé en deux demi-cantons (Rhodes extérieures, chefs-lieux Herisau et Trogen ; Rhodes intérieures, chef-lieu Appenzell).
Saint-Gall, chef-lieu Saint-Gall.
Glaris, chef-lieu Glaris.
Les Grisons, chef-lieu Coire.

Au centre : Uri, chef-lieu Altorf.
Unterwalden, divisé en deux demi-cantons (Unterwalden-le-haut, chef-lieu Sarnen ; Unterwalden-le-bas, chef-lieu Stanz).
Schwyz, chef-lieu Schwyz.
Lucerne, chef-lieu Lucerne.
Zug, chef-lieu Zug.

Au sud : Tessin, chefs-lieux Bellinzona, Locarno, Lugano.
Valais, chef-lieu Sion.

La *Confédération suisse* est une république fédérale ;

chaque canton administre souverainement, sous des formes variables d'un canton à l'autre, ses affaires locales. Les affaires d'intérêt général sont réglées par le gouvernement fédéral. — Le pouvoir législatif appartient à l'*Assemblée fédérale*, composée de deux conseils : le Conseil national, nommé, proportionnellement à la population, par le suffrage universel direct; le Conseil des états (deux députés par canton, ou un député par demi-canton), nommé soit par le suffrage universel direct, soit par les conseils cantonaux. La revision de la constitution et l'adoption ou le rejet des lois fédérales sont soumis, sous certaines conditions, à l'assentiment du peuple suisse. — Le pouvoir exécutif appartient au *Conseil fédéral*, composé de sept membres et nommé pour trois ans par l'Assemblée fédérale; le président du Conseil fédéral, élu pour un an par ses collègues et non rééligible l'année suivante, est président de la Confédération suisse.

Statistique. — *Superficie :* 41,000 kilomètres carrés.

Population : 2,800,000 habitants (69 habitants par kilomètre carré). — La population est surtout groupée dans la plaine, entre le Jura et les Alpes.

Villes de plus de 20,000 habitants : Bâle, 72,000 habitants; Genève, 52,000 (et 72,000 avec les communes limitrophes); Berne, 49,000; Lausanne, 32,000; Zurich, 27,000 (et 89,000 avec les communes limitrophes); Saint-Gall, 24,000; La Chaux-de-Fonds, 24,000; Lucerne, 20,000.

Langues. — Allemand, dans le nord, l'est et le centre; français, dans la Suisse occidentale (cantons de Genève, Vaud, Neuchâtel, Fribourg; Jura bernois, moitié occidentale du Valais); italien (canton du Tessin); roumanche ([1]) (canton des Grisons, et particulièrement Engadine). — Ces langues se classent à peu près suivant les proportions suivantes : allemand, 70 pour cent de la population; français, 24 pour cent; italien, 5 pour cent; roumanche, 1 pour cent.

([1]) Le dialecte roumanche appartient au groupe des langues latines.

Religions. — Les trois cinquièmes des habitants sont protestants, les deux cinquièmes sont catholiques. Les limites des cultes n'ont pas de rapport avec celles des langues et sont fort enchevêtrées : ainsi le canton de Vaud est protestant, le canton de Fribourg, son voisin, est catholique; le canton de Genève est partagé entre les deux cultes; parmi les deux demi-cantons d'Appenzell, l'un (Rhodes extérieures) est protestant, l'autre catholique. Les cantons primitifs de la Suisse sont catholiques.

Instruction publique. — L'instruction moyenne est très répandue; Zurich est le principal centre intellectuel.

Armée. — Le service militaire est *obligatoire* (12 ans dans l'élite, 12 ans dans la landwehr). Les forces militaires sont d'environ 200,000 hommes, dont 120,000 pour l'élite ou armée de ligne, 80,000 pour la landwehr.

L'armée n'est pas permanente; les soldats sont seulement rassemblés quelques semaines par an pour l'instruction et les manœuvres; la durée totale du service actif dans l'élite est ainsi de 5 mois environ.

La Suisse est un pays *neutre.*

Géographie économique. — Les récoltes ne suffisent pas à nourrir les habitants, et la Suisse doit importer beaucoup de céréales. Les terres labourables et les vignes ne comprennent guère que la sixième partie du territoire.

La *vigne* est cultivée principalement à l'ouest, dans les cantons de *Vaud,* de Neuchâtel et du Valais.

La principale richesse végétale consiste dans les pâturages (plus du tiers du territoire). La Suisse a de bonnes races de bétail, et surtout des *vaches laitières;* elle produit beaucoup de *lait* et de fromage (fromages de Gruyère, de l'Emmenthal) (1).

L'industrie textile, la plus importante de toutes les industries suisses, est active dans les cantons du nord et du nord-est. — *Soieries :* Zurich, Bâle. *Cotonnades :* cantons de

____

(1) Gruyère, dans la vallée de la Sarine, canton de Fribourg; l'Emmenthal, vallée de l'Emmen.

Zurich avec la ville de Winterthur, de Saint-Gall, de Glaris. *Mousselines et broderies à la mécanique :* Saint-Gall, Appenzell.

Pour la fabrication des **montres**, la Suisse occupe le premier rang dans le monde. Cette industrie spéciale est exercée à Genève, dans le Jura, et surtout dans le Jura neuchâtelois (La Chaux-de-Fonds, Le Locle).

Industrie métallurgique à Zurich et à Winterthur.

Le commerce extérieur de la Suisse est annuellement d'environ 1,400,000,000 de francs, dont près de la moitié à l'exportation. La Suisse exporte des produits de son industrie manufacturière (soieries, mousselines et broderies à la mécanique, cotonnades, montres) et de son industrie agricole (fromages, lait condensé). Les principaux objets qu'elle reçoit du dehors sont des objets d'alimentation (froment, vin), des matières premières nécessaires à l'industrie (soie écrue, coton brut, houille), des tissus de laine.

Le système des monnaies, des poids et des mesures est le même qu'en France.

Chemins de fer (2,800 kilomètres). — Toutes les localités de quelque importance sont reliées par des voies ferrées.

Olten à Bâle. — Olten à Lausanne par Berne, Fribourg; ou par Soleure et la rive occidentale des lacs de Bienne et de Neuchâtel. — Olten à Lucerne. — Olten à Zurich par Aarau.

Zurich au lac de Constance par Winterthur. — Zurich à Coire par le lac de Wallenstadt et la trouée de Sargans.

Une ligne dessert la rive septentrionale du Léman et remonte le Rhône jusqu'à Brieg, au pied du Simplon. — Une ligne dessert la rive occidentale du lac de Constance et remonte le Rhin jusqu'à Coire.

Communications internationales. — Bâle à Mulhouse, et de là soit Strasbourg, soit Belfort. Bâle à Belfort par Delémont et Delle. Et Belfort à Paris.

Neuchâtel à Pontarlier (route de Berne à Paris) par les Verrières. Lausanne à Pontarlier par le col de Jougne. Et Pontarlier à Paris par Dijon.

Genève à Culoz et de là soit Paris, soit Lyon, soit Chambéry et le tunnel du Fréjus.

Zurich à Milan par Zug, Schwyz, Altorf, le tunnel du Saint-Gothard, Bellinzona, Lugano.

Zurich à Innsbruck par Sargans, Feldkirch, le Voralberg et le tunnel de l'Arlberg. Et Innsbruck à Vienne (route de Paris à Vienne par Bâle, Zurich et l'Arlberg).

Histoire. — La Suisse faisait partie, au moyen âge, du Saint empire romain germanique, dont elle n'a été détachée officiellement qu'à la paix de Westphalie (1648), et comprenait, par suite du morcellement féodal, de nombreuses petites souverainetés de formes diverses. La confédération suisse a eu pour noyau les trois cantons forestiers (Uri, Schwyz, Unterwalden) qui assurèrent définitivement, au commencement du XIVᵉ siècle, leur indépendance contre la maison de Habsbourg, et autour desquels vinrent se grouper successivement d'autres cantons. Les Suisses repoussèrent les Habsbourg aux combats de Morgarten (1315), de Sempach (1386) et de Naefels (1388).

Au XVIᵉ siècle, la Confédération se trouvait composée de 13 cantons. Telle était encore son organisation en 1789. En dehors des 13 cantons, onze pays (villes libres de Mulhouse et de Genève, Ligues grises, abbaye de Saint-Gall, etc.) portaient le titre d'alliés des cantons. — Les cantons et les pays alliés formaient autant d'états distincts et souverains. Les inégalités politiques et sociales étaient grandes. Dans beaucoup de cantons, et notamment à Berne, le pouvoir était accaparé par une oligarchie. Les cantons, les pays alliés avaient des sujets auxquels ils refusaient la liberté politique (ainsi le pays de Vaud et l'Argovie étaient sujets du canton de Berne).

La Révolution française modifia cette situation. Le Directoire voulut faire de la Suisse (1798) une République helvétique une et indivisible, et établit l'égalité. Par l'acte de médiation (1803) qui constitua la Confédération helvétique, Bonaparte maintenait la suppression des inégalités politiques et sociales, établissait une organisation fédérale, et rendait aux cantons, dont le nombre était porté à 19, une grande partie de leur autonomie.

Les traités de 1815 ont établi en Suisse 22 cantons et garanti la neutralité de la Suisse.

Noms allemands de lieux, dans la Suisse de langue allemande. — Altorf, *Altdorf;* Bâle. *Basel;* Berne, *Bern;* Coire, *Chur;* Glaris, *Glarus;* Lucerne, *Luzern;* Schaffhouse, *Schaffhausen;* Soleure, *Solothurn;* Suisse, *Schweiz;* Zurich, *Zürich.*

EMPIRE ALLEMAND

Bornes. — Mer du Nord, Danemark, mer Baltique. Russie. Autriche, Suisse. France, Luxembourg, Belgique, Hollande.

Côtes. — Les côtes sont le plus souvent *basses* et sablonneuses; l'accès en est ordinairement difficile, à cause de la faible profondeur des eaux marines qui les bordent.

Mer du Nord. — La côte est très basse, *endiguée*, encombrée de longs bancs de sable.

Golfe du *Dollart* et embouchure de l'Ems, golfe de la *Jade*, embouchures du Weser et de l'Elbe. Série d'îles basses parallèles à la côte.

Ports : *Wilhelmshafen* (sur le golfe de la Jade), port de guerre; Brême et Bremerhafen, son avant port (sur le Weser); **Hambourg** et Altona (sur l'Elbe).

Mer Baltique (Ost-See). — La côte du Schleswig-Holstein qui, sur la mer du Nord, est très inhospitalière, présente, sur la Baltique, des *baies profondes* et de bons abris; la côte méridionale de la Baltique est le plus souvent basse et formée de *dunes* de sable mobile; dans sa partie orientale, la côte est bordée de lagunes peu profondes ou *Haffe*, séparées de la haute mer par des flèches de terre longues et étroites ou *Nehrungen*.

Ile d'Alsen, baie de Kiel. Ile de *Rügen*, accidentée et découpée. Lagune (le Haff) de la basse Oder, séparée de la mer par les îles d'Usedom et de Wollin. Baie de Danzig, *Frische Haff, Kurische Haff.*

Ports : Flensbourg; *Kiel*, port de guerre; Lübeck (sur la Trave); Wismar; Rostock; Stralsund; *Swinemünde* et Stettin (sur l'Oder); *Danzig* (sur la Vistule); Kœnigsberg (sur le Pregel); Pillau (au débouché du Frische Haff); Memel (au débouché du Kurische Haff).

Relief. — L'Allemagne du sud et du centre est une région de montagnes et de plateaux; l'Allemagne du nord est une région de plaines.

Allemagne du sud et du centre.

Souvent boisées, les hautes terres de l'Allemagne du sud et du centre sont entrecoupées de vallées fertiles.

Elles comprennent :

Au sud, une partie de l'extrémité septentrionale des Alpes calcaires et le plateau bavarois.

A l'est, les montagnes de granit qui entourent le plateau de Bohême.

Au centre et à l'ouest, des montagnes et des hauteurs de formations géologiques diverses, à travers lesquelles s'ouvre, à l'ouest, la vallée du Rhin.

On donne habituellement le nom de système hercynien à l'ensemble des montagnes de l'Allemagne en dehors des Alpes.

Alpes. — A l'extrémité méridionale de la Bavière, *Alpes de l'Algau, Alpes bavaroises.* Plusieurs sommets des Alpes bavaroises dépassent 2.500 mètres.

Au nord des Alpes s'étend, jusqu'au Jura allemand et jusqu'aux montagnes de Bohême, une haute plaine dite *plateau bavarois.*

Montagnes de Bohême. — Au nord-est de la Bohême, **Sudètes.** C'est une succession de massifs distincts qui ont leur point culminant au centre et qui se répartissent en : *Sudètes proprement dites,* au sud-est; monts des Géants *(Riesen Gebirge),* au centre; *monts de Lusace,* au nord-est. Le plus haut sommet (la Schneekoppe), dans les monts des Géants, le point le plus élevé de l'Allemagne en dehors des Alpes, atteint 1,605 mètres

Au nord-ouest de la Bohême, **Monts des Mines** *(Erz Gebirge).* Ils tombent en longue pente douce, au nord, sur le versant saxon; en pente rapide, au sud, sur le versant bohémien (dans la monarchie austro-hongroise).

Ils renferment des mines nombreuses et variées. Le plus haut sommet dépasse 1,200 mètres.

A l'ouest de la Bohême, **Forêt de Bohême** (*Bœhmer Wald*). Elle a son point culminant au centre et est précédée, le long du Danube, par la Forêt de Bavière. Les plus hauts sommets dépassent 1,400 mètres.

Montagnes de l'Allemagne centrale et occidentale.

— Elles forment un ensemble souvent confus, entremêlé de dépressions profondes, qui n'atteint nulle part 1,500 mètres. Les montagnes les plus hautes sont la Forêt-Noire et les Vosges, le Harz, les monts des Pins, la Forêt de Thuringe.

On peut distinguer les groupes suivants :

Montagnes de la Franconie, de la Souabe, Vosges.

Montagnes de la Thuringe, Harz.

Montagnes de la Hesse et du Weser.

Plateaux schisteux du Rhin.

Montagnes de la Franconie, de la Souabe, Vosges. 1º **Monts des Pins** (*Fichtel Gebirge*), massif granitique au croisement des monts des Mines et de la Forêt de Bohême et des plateaux qui précèdent le Jura souabe et la Forêt de Thuringe. Le point culminant ne dépasse guère 1,050 mètres, mais les monts des Pins ont un rôle important dans le partage des eaux ; ils renferment les sources : à l'ouest, du Main, affluent du Rhin ; à l'est, de l'Eger, affluent de l'Elbe ; au nord, de la Saale, affluent de l'Elbe ; au sud, de la Naab, affluent du Danube.

2º Des plateaux plus bas que les monts des Pins et qui les séparent des montagnes de la Thuringe et de la Souabe, savoir :

Au nord-ouest, **Forêt de Franconie** (*Franken Wald*), entre les monts des Pins et la Forêt de Thuringe.

Au sud-ouest, **Jura franconien,** entre les monts des Pins et le Jura souabe.

3º **Jura souabe,** entre le Danube et le Neckar, avec des sommets de 800 à 1,000 mètres.

4º **Forêt-Noire** (*Schwarz Wald*) et **Vosges.** Les Vosges forment, par leur crête, frontière entre l'empire allemand et la France, depuis le ballon d'Alsace jusqu'au mont Donon; au nord du mont Donon, les deux versants des Vosges sont aujourd'hui compris dans l'empire allemand. Avant la guerre de 1870, les Vosges appartenaient tout entières à la France (1).

La Forêt-Noire et les Vosges font partie d'une même formation géologique (granit au sud, grès au nord), qui a été déblayée à son milieu par le Rhin. Les deux chaines tombent en pente rapide du côté des plaines d'alluvion traversées par le Rhin, en pente douce du côté opposé au Rhin. Au sud, elles ont des sommets arrondis, leurs plus larges masses et leurs plus grandes élévations (ballon de Guebviller, 1426 mètres, dans les Vosges; Feldberg, 1494 mètres, dans la Forêt-Noire); au nord, elles prennent la forme de plateaux et s'abaissent très sensiblement : le col de Saverne (chemin de fer de Paris à Strasbourg) limite au nord les Grandes Vosges : le col de Pforzheim (chemin de fer de Paris-Strasbourg à Vienne) limite au nord la Forêt-Noire proprement dite. — Au nord des Petites Vosges et des collines qui prolongent la Forêt-Noire, le sol se relève un peu : au nord des Vosges, le *Hardt*, avec le mont Tonnerre; au nord de la Forêt-Noire, l'*Oden Wald*, entre le Neckar et le Main. — En face de l'Oden Wald, au nord du Main, est le *Spessart*.

Montagnes de la Thuringe, Harz. 1° **Forêt de Thuringe** (*Thüringer Wald*), chaine de granit entre la Saale et la Werra, avec des sommets de plus de 900 mètres.

2° **Plateaux de la Thuringe,** entre la Forêt de Thuringe et le Harz. Par cette dépression passent les principales routes qui traversent de l'ouest à l'est l'Allemagne centrale (route de Francfort-sur-le-Main à Leipzig par Eisenach, Gotha, Erfurt).

3° **Harz,** avec le sommet du *Brocken* (1,141 mètres). Le Harz est un massif escarpé de granit et de schiste qui

(1) Pour le détail des Vosges, voir mes *Éléments de Géographie, France.*

domine la plaine basse de l'Allemagne du nord; il renferme de nombreuses mines.

Montagnes de la Hesse et du Weser. Les montagnes (sommets de 950 à 750 mètres) de la haute vallée du Weser sont d'origine volcanique, âpres, froides (**Hohe Rhœn,** entre la Werra et la Fulda; **Vogels Gebirge,** à l'ouest de la Fulda).

Plus au nord, des deux côtés du Weser moyen sont de fortes collines (**monts du Weser,** à l'est du Weser; Forêt de Teutobourg, ou **Teutoburger Wald,** à l'ouest du Weser) que le Weser perce, en entrant en plaine, à la *Porte de Westphalie.*

Plateaux schisteux du Rhin. Ces plateaux (500 mètres de hauteur moyenne, avec quelques sommets de plus de 800 mètres) forment des deux côtés du Rhin, qui les traverse de Bingen à Bonn, le prolongement oriental des Ardennes et vont rejoindre les montagnes de la Hesse. Leurs principales sections sont : à l'est du Rhin, le **Taunus** (entre le Rhin et la Lahn), le **Wester Wald** (entre la Lahn et la Sieg); à l'ouest du Rhin, le **Hunsrück** (entre la Nahe et la Moselle), l'**Eifel** (au nord de la Moselle). Cette région est le plus souvent âpre, peu fertile, peu habitée.

Les plateaux schisteux du Rhin sont bordés, au nord et au sud, par de grands dépôts houillers : au nord, bassin houiller de la Ruhr, prolongé, à l'ouest du Rhin, dans la Prusse rhénane, en Belgique et en France; au sud, bassin houiller de Sarrebruck, dans les vallées de la Sarre et de la Nahe.

Allemagne du nord.

L'Allemagne du nord est une vaste plaine qui s'élargit de l'ouest à l'est et qui se rattache, par l'ouest, aux Pays-Bas; par l'est, à la plaine sarmate (Pologne et Russie). Formée par un ancien fond de mer et généralement peu fertile, elle est souvent couverte de marécages et de *tourbières,* de landes, de bruyères et de *sables (landes de Lünebourg,* entre l'Elbe et l'Aller; sables du Brandebourg); à l'est de l'Elbe, elle renferme de grandes prairies et de vastes forêts de pins. Elle contient aussi de riches terres d'alluvion au pied des hauteurs, le long des côtes et le long des fleuves.

Parallèlement à la Baltique s'étendent des *plateaux*, de 100 à 200 mètres de hauteur moyenne, et qui sont couverts de *lacs*, particulièrement dans la Prusse proprement dite et dans le Mecklenbourg.

Cours d'eau. — Versant de la mer du Nord. 1° La Roer, affluent de droite de la Meuse. Entre la Roer et la Meuse est *Aix-la-Chapelle*.

2° Le Rhin *(der Rhein)* sort des Alpes centrales. Après avoir traversé le canton suisse des Grisons et séparé la Suisse de l'Autriche, il entre dans le lac de Constance *(Boden See)*, laissant à l'Allemagne la rive orientale du lac et la ville de Constance sur la rive occidentale. Il traverse ensuite le canton suisse de Schaffhouse, puis forme frontière entre la Suisse et l'Allemagne jusqu'aux environs de Bâle et sort de Suisse au-dessous de Bâle. — De Bâle à Emmerich, le Rhin traverse l'empire allemand. — Avant le traité de Francfort (1871), il formait frontière entre la France et l'Allemagne, de Bâle au confluent de la Lauter.

Le Rhin passe près de Strasbourg, à Germersheim, Spire, *Mannheim*, Worms, *Mayence*, Bingen, Coblenz, Bonn, Cologne, Düsseldorf, Wesel, Emmerich. Il entre ensuite en Hollande.

De Bâle à Bingen, le Rhin parcourt une large plaine d'alluvion. — *De Bingen à Bonn*, il est resserré dans un étroit *défilé* bordé de vieux châteaux et de vignobles, et dominé, à gauche, par le Hunsrück et l'Eifel, à droite par le Taunus et le Wester Wald. — De Bonn à la mer, le Rhin traverse une plaine d'alluvion de plus en plus large.

Le Rhin est navigable à Bâle; mais les bancs de sable et la mobilité du chenal rendent la navigation précaire jusqu'à Mannheim; la navigation à vapeur commence à Mannheim.

Affluents de gauche du Rhin. — L'*Ill* sort du Jura, passe à *Mulhouse*, laisse à gauche Colmar, passe à Schlestadt, Strasbourg.

La Moder sort des Vosges et passe à Haguenau ; elle reçoit à droite la Zorn qui passe à Saverne. — L'Ill, la Moder et la Zorn arrosent l'Alsace.

La Lauter passe à Wissembourg et limite au nord l'Alsace.

La Nahe finit à Bingen.

La Moselle sort des Vosges. Elle a son cours supérieur en France jusqu'au-dessous de Pont-à-Mousson ([1]). Elle traverse ensuite la partie de la Lorraine annexée à l'empire allemand en 1871, et passe à *Metz* et à Thionville ; puis elle arrose la Prusse rhénane, passe à Trèves et finit à Coblenz. La Moselle est navigable depuis Frouard (en France).

La Moselle reçoit à droite : la Seille, qui forme, depuis 1871, frontière entre la France et l'empire allemand pendant une partie de son cours, et finit à Metz ; la *Sarre (Saar)*, qui sort du mont Donon, traverse d'abord la partie de la Lorraine annexée à l'empire allemand et passe à Sarreguemines où elle est navigable, arrose ensuite la Prusse rhénane et passe à Sarrebruck, Sarrelouis. — La Moselle reçoit à gauche la Sure, qui traverse le Luxembourg.

Affluents de droite du Rhin. — La *Kinzig* sort de la Forêt-Noire.

Le Neckar sort de la Forêt-Noire, passe à Tübingen, laisse à gauche Stuttgart, passe à Heilbronn, Heidelberg et finit à *Mannheim*. Il devient navigable près de Stuttgart.

Le Main sort des monts des Pins, passe à *Würzbourg*, Hanau, Offenbach, Francfort, et finit en face de Mayence. Il a un cours paisible et aisément navigable depuis le confluent de la Regnitz. — Le Main reçoit à gauche la Regnitz, qui finit au-dessous de Bamberg, grossie à droite de la Pegnitz, qui passe à Nuremberg ; la Regnitz communique avec l'Altmühl, affluent du Danube, par le canal Louis.

La *Lahn*.

([1]) Pour les détails, voir mes *Éléments de Géographie, France.*

La Sieg.

La Wupper passe à **Barmen, Elberfeld.**

La *Ruhr* laisse à droite *Essen*. — La Wupper et la Ruhr traversent une région très industrieuse et très peuplée.

La *Lippe* finit à **Wesel.**

3° L'*Ems* coule en plaine et finit au-dessous d'Emden. Il est navigable pendant la plus grande partie de son cours.

4° Le **Weser** est formé par la réunion de la *Werra*, qui sort de la Forêt de Thuringe et passe à **Meiningen**, et de la *Fulda*, qui sort de la Hohe Rhœn et passe à *Cassel*. Le Weser entre en plaine à **Minden** par le défilé appelé *Porte de Wesphalie*, passe à **Brême** et à **Bremerhafen**. — La navigation à vapeur commence au confluent de la Werra et de la Fulda.

Le Weser reçoit à gauche la **Hunte** qui passe à **Oldenbourg.**

Le Weser reçoit à droite l'*Aller*. L'Aller reçoit à gauche l'Ocker, qui sort du Harz et passe à *Brunswick*, et la **Leine**, qui passe à **Gœttingen** et à **Hanovre.**

5° L'**Elbe** sort des monts des Géants et a son cours supérieur en Bohême (dans la monarchie austro-hongroise). L'Elbe franchit ensuite un étroit défilé, à travers un pays pittoresque, couvert de hautes collines de grès et appelé *Suisse saxonne*, passe à **Dresde, Meissen, Torgau, Wittenberg, Magdebourg, Hambourg, Altona.** — L'Elbe devient navigable en Bohême, au confluent de la Moldau.

L'Elbe reçoit à gauche : la **Mulde** qui sort des monts des Mines, passe à **Zwickau** et à **Dessau**, et reçoit à droite la Mulde de **Freiberg**. Entre les deux Mulde est **Chemnitz.**

La **Saale** qui sort des monts des Pins, passe à **Hof, Rudolstadt, Iena, Mersebourg**, *Halle;* elle devient navigable au confluent de l'Unstrut. La Saale reçoit : à gauche, l'Unstrut; à droite, l'Elster qui passe à **Plauen, Greiz, Gera, Leipzig.**

L'Elbe reçoit à droite la **Havel** qui sert d'écoulement à plusieurs lacs du Mecklenbourg, traverse une région basse et marécageuse, passe à **Spandau**, *Potsdam*, Brandebourg ; elle est navigable dans tout son cours. La Havel reçoit à gauche la **Sprée** qui sort des monts de Lusace, passe à Bautzen, Cottbus, Berlin et finit à Spandau ; la Sprée est navigable dans son cours inférieur.

6° L'*Eider* est remontée par la marée sur la plus grande partie de son cours. Elle est reliée par un canal à la baie de Kiel.

Versant de la Baltique. 1° La Trave passe à Lübeck.

2° L'Oder sort de la dépression qui sépare les Sudètes des Carpathes. Elle a ses sources en Autriche et traverse ensuite, durant tout son cours, le royaume de Prusse. Elle passe à Breslau, Glogau, *Francfort*, Cüstrin, Stettin, forme le *Haff*, en avant duquel sont les iles d'Usedom et de Wollin, et finit par trois embouchures dont la principale, la Swine, se termine à Swinemünde. — La navigation sur l'Oder est précaire à cause des inégalités du fond et du débit.

Les principaux affluents de gauche de l'Oder viennent des Sudètes et ont un caractère torrentiel : la Neisse de Glatz ou de Silésie; le Bober; la Neisse de Gœrlitz ou de Lusace.

L'Oder reçoit à droite la Warta (en allemand *Warthe*) qui a son cours supérieur dans la Pologne russe, arrose ensuite la Pologne prussienne, passe à *Posen* et finit à Cüstrin. La Warta est navigable dans l'empire allemand pendant tout son cours. — Elle reçoit : à gauche, la Prosna qui forme frontière entre le royaume de Prusse et la Russie; à droite, la *Netze*.

3° La Vistule (en polonais *Wisla*, en allemand *Weichsel*) sort des Carpathes. Elle a son cours supérieur en Autriche, la plus grande partie de son cours en Russie et finit en Prusse. — Elle entre en Prusse au-dessus de Thorn, forme un delta et détache plusieurs bras dans le Frische Haff; le bras principal passe à Danzig et finit dans le golfe de Danzig. — La Vistule est navigable depuis Cracovie (dans la Pologne autrichienne). Elle gèle en hiver et est sujette à de dangereuses débâcles.

4° Le *Pregel* passe à Kœnigsberg et finit dans le Frische Haff. Il reçoit à gauche l'Alle.

5° Le Niemen (en allemand *Memel*) a la plus grande partie de son cours en Russie. En Prusse, il passe à Tilsit, forme un delta et finit dans le Kurische Haff.

Versant de la mer Noire. Le bassin supérieur du Danube, des sources à Passau. Le Danube *(die Donau)* sort de la Forêt-Noire, passe à Sigmaringen, Ulm, Ingolstadt, Ratisbonne, Passau.

Dans cette première partie de son cours, le Danube est un *fleuve de plateau.* A Passau, il est resserré entre les montagnes (Forêt de Bavière, à gauche; contreforts des Alpes autrichiennes, à droite). Le Danube devient navigable à Ulm : depuis Donauwœrth (entre Ulm et Ingolstadt), il est fréquenté par les bateaux à vapeur.

Le Danube reçoit à gauche : l'*Altmühl* qui sort du Jura franconien et communique avec le Main par le canal Louis. — La *Naab* qui sort des monts des Pins et finit au-dessus de Ratisbonne.

Les principaux affluents de droite sont des torrents descendus des Alpes, savoir : L'*Iller*, qui finit au-dessus d'Ulm. — Le *Lech*, qui passe à *Augsbourg.* — L'*Isar*, qui passe à Munich. — L'Inn qui sort de la Maloïa, à 1,800 mètres d'altitude, et a plus d'eau que le Danube quand il se joint à lui. Il a ses sources en Suisse, traverse le Tirol (à l'Autriche), puis la Bavière, forme frontière entre la Bavière et l'Autriche et finit à Passau. L'Inn est navigable en Bavière dans tout son cours. Il reçoit à droite la *Salzach*.

Climat. — Le climat, bien que plus rude que celui de la France, est un climat tempéré; la température moyenne, du Rhin à l'Oder, est de 8 à 10 degrés au-dessus de zéro. A cause des inégalités d'altitude, le climat de la plaine basse de l'Allemagne du nord est à peu près le même que celui des hautes terres de l'Allemagne du sud. Les différences climatériques se produisent surtout de l'ouest à l'est : à l'est de l'Oder, la température de l'hiver est plus froide et la pluie est moins abondante.

Géographie politique. — L'empire allemand, capitale Berlin, comprend 25 états (4 royaumes, 6 grands-duchés, 5 duchés, 7 principautés, 3 villes libres), plus un pays d'empire (l'Alsace-Lorraine).

ROYAUMES.

Royaume de Prusse, capitale Berlin. Il comprend les provinces suivantes :

Prusse orientale, chef-lieu Kœnigsberg.

Prusse occidentale, chef-lieu Danzig.

Province de Posen, chef-lieu Posen.

Brandebourg, chef-lieu Potsdam. Ville : Francfort-sur-l'Oder. (Berlin, dans le Brandebourg, a une administration spéciale.)

Silésie, chef-lieu Breslau. Ville : Gœrlitz.

Poméranie, chef-lieu Stettin.

Saxe prussienne, chef-lieu Magdebourg. Villes : Halle, Erfurt.

Schleswig-Holstein, chef-lieu Schleswig. Villes : Altona, Kiel.

Hanovre, chef-lieu Hanovre.

Hesse-Nassau, chef-lieu Cassel. Villes : Francfort-sur-le-Main, Wiesbaden.

Westphalie, chef-lieu Münster. Ville : Dortmund.

Province rhénane, chef-lieu Coblenz. Villes : Cologne, Düsseldorf, Elberfeld, Barmen, Aix-la-Chapelle, Crefeld, Essen.

Hohenzollern, chef-lieu Sigmaringen.

Royaume de Bavière, capitale Munich. Il se compose de deux parties séparées par le grand-duché de Hesse, savoir :

1° Une partie (Bavière proprement dite, Souabe, Haut-Palatinat, Franconie), de beaucoup la plus considérable, dans les bassins du Danube et du Main. Villes : Munich, Nuremberg, Augsbourg, Würzbourg, Ratisbonne.

2° La Bavière rhénane ou Palatinat bavarois. Villes : Kaiserslautern, Spire.

Royaume de Saxe, capitale Dresde. Villes : Leipzig, Chemnitz.

Royaume de Würtemberg, capitale Stuttgart. Ville : Ulm.

Bade, capitale Carlsruhe. Villes : Mannheim, Fribourg-en-Brisgau.

Hesse, capitale Darmstadt. Ville : Mayence.

Mecklenbourg-Schwerin, capitale Schwerin. Ville : Rostock.

Mecklenbourg-Strelitz, capitale Neu-Strelitz.

Oldenbourg, capitale Oldenbourg.

Saxe-Weimar-Eisenach, capitale Weimar.

Brunswick, capitale Brunswick.

Anhalt, capitale Dessau.

Saxe-Meiningen, capitale Meiningen.

Saxe-Cobourg-Gotha, capitales Cobourg, Gotha.

Saxe-Altenbourg, capitale Altenbourg.

Schwarzbourg-Rudolstadt, capitale Rudolstadt.

Schwarzbourg-Sondershausen, capitale Sondershausen.

Reuss (branche aînée), capitale Greiz.

Reuss (branche cadette), capitale Gera.

Lippe, capitale Detmold.

Schaumbourg-Lippe, capitale Bückebourg.

Waldeck, capitale Arolsen.

Hambourg, Brême, Lübeck; et leurs territoires.

L'*Alsace-Lorraine*, capitale Strasbourg, que la France a été forcée de céder au traité de Francfort (1871), est gouvernée directement par les organes de l'empire. Elle envoie 15 députés au Parlement allemand. — Population : 1,560,000 habitants. Villes : Strasbourg, Mulhouse, Colmar, en Alsace ; Metz, en Lorraine.

Le royaume de Prusse comprend la plus grande partie de l'Allemagne. Il occupe presque toute la plaine de l'Allemagne du nord, une partie de l'Allemagne du centre et enclave de nombreux états secondaires.

La Bavière est le plus grand état de l'Allemagne du sud qui renferme encore, au sud du Main, le Würtemberg, Bade, le Hohenzollern, la moitié méridionale de la Hesse.

L'Allemagne du centre, et particulièrement la Thuringe (entre la Saale et la Werra) et ses abords, comprennent les régions les plus morcelées. On groupe habituellement, sous le nom d'états de Thuringe, les quatre états (Saxe-Weimar, Saxe-Meiningen, Saxe-Cobourg-Gotha, Saxe-Altenbourg) de la branche ernestine de la maison de Saxe, les deux principautés de Schwarzbourg et les deux principautés de Reuss. Ces petits états sont eux-mêmes divisés chacun en plusieurs tronçons non contigus.

L'empire allemand est une confédération d'états régis par des lois uniformes pour les matières réputées communes à tout l'empire. La dignité impériale appartient, à titre héréditaire, au roi de Prusse.

L'empereur d'Allemagne est le chef du pouvoir exécutif. Il commande l'armée, représente l'empire dans les relations internationales.

Le pouvoir législatif est exercé par le Conseil fédéral et la Chambre des députés ou Reichstag. Le Conseil fédéral (*Bundesrath*) se compose de hauts fonctionnaires, représentant les états confédérés, et nommés par leurs gouvernements respectifs. Le *Reichstag* se compose de députés élus pour trois ans, par le suffrage universel et direct du peuple allemand, proportionnellement à la population.

Les principales matières réputées communes à tout l'empire sont : l'organisation militaire, les douanes, le commerce, les impôts applicables aux besoins de l'empire, le système des mesures, des poids et des monnaies, les chemins de fer d'intérêt général, les postes et les télégraphes.

En fait, le pouvoir exécutif, appuyé sur le Conseil fédéral, est très fortement constitué et est seulement tempéré par le contrôle de la Chambre élective ou Reichstag; parmi les états confédérés, la Prusse est prépondérante et les autres états ne conservent plus qu'une demi-souveraineté.

Les états confédérés ont chacun leur gouvernement spécial et leur législation spéciale pour les matières qui ne sont pas réputées communes; ils ont des constitutions politiques diverses qui participent plus ou moins du régime représentatif.

Statistique. — *Superficie :* 540,000 kilomètres carrés, dont près des deux tiers au royaume de Prusse. La Bavière, le plus grand état après la Prusse, n'a que 75,000 kilomètres carrés.

Population : 46,855,000 habitants, dont plus de 28 millions pour le royaume de Prusse. Les états secondaires qui comptent le plus d'habitants sont : la Bavière (5 millions d'habitants), le royaume de Saxe (3 millions), le Würtemberg (2 millions), Bade (1,600,000). La principauté de Schaumbourg-Lippe est l'état qui compte le moins d'habitants (37,000).

La densité moyenne de la population, pour tout l'empire, est de 87 habitants par kilomètre carré. Le royaume de Saxe, la Prusse rhénane et la Westphalie occidentale, la Silésie sont des régions très peuplées.

Villes de plus de 50,000 habitants. — Berlin, 1,315,000 habitants.

Hambourg, 305,000.

Breslau, 299,000. Munich, 261,000. Dresde, 246,000. Leipzig, 170,000. Cologne, 161,000. Francfort-sur-le-Main, 154,000. Kœnigsberg, 151,000. Magdebourg, 143,000. Hanovre, 139,000. Stuttgart, 125,000. Brême, 118,000. Düsseldorf, 115,000. Nuremberg, 114,000. Danzig, 114,000. Magdebourg, 114,000. Strasbourg, 111,000. Chemnitz, 110,000. Elberfeld, 106,000. Altona, 104,000. Barmen, 103,000.

Stettin, 99,000. Aix-la-Chapelle, 95,000. Crefeld, 90,000.
Brunswick, 85,000. Halle, 81,000. Dortmund, 78,000.
Mulhouse, 69,000. Posen, 68,000. Augsbourg, 65,000.
Mayence, 65,000. Essen, 65,000. Cassel, 64.000. Mannheim, 61.000. Carlsruhe, 61,000. Erfurt, 58,000. Gœrli'z,
55,000. Wiesbaden, 55.000. Lübeck, 55,000. Würzbourg,
55,000. Francfort sur-l'Oder, 54,000. Metz, 54,000. Kiel,
54,000. Potsdam, 50,000.

Villes capitales qui ont moins de 50,000 habitants. —
Darmstadt, 42,000 habitants. Gera, 34,000. Schwerin,
31,000. Altenbourg, 29,000. Gotha, 27,000. Dessau, 27.000.
Weimar, 21,000. Oldenbourg, 20,000. Greiz, 17,000.
Cobourg, 16,000. Meiningen, 11,000. Rudolstadt, 10,000.
Neu-Strelitz, 9,000. Detmold, 8.000. Sondershausen, 6,000.
Bückebourg, 5.000. Arolsen, 2,000.

Races. — Les Allemands forment la très grande majorité
de la population. L'empire allemand comprend encore
des Slaves (Polonais, dans la province de Posen, la haute
Silésie et sur la basse Vistule); des Danois (Schleswig
septentrional); des Français (Alsace-Lorraine).

La race allemande compose en outre près du quart de
la population de la monarchie austro-hongroise, plus des
trois cinquièmes de la population de la Suisse et la population du Luxembourg. Dans les provinces baltiques de
l'empire russe, les Allemands forment la classe la plus
riche et la plus influente. — Plus de cent mille Allemands
émigrent tous les ans hors d'Europe et vont se fixer surtout aux États-Unis. Brème et Hambourg sont les principaux ports d'émigration.

Religions. — Les protestants sont en majorité; ils comprennent environ les trois cinquièmes de la population,
les catholiques les deux cinquièmes. — Les protestants
forment la majorité dans les royaumes de Prusse et de
Würtemberg; ils composent presque exclusivement la
population du royaume de Saxe, des états de Thuringe,
des deux Mecklenbourg, des villes libres. Les catholiques
forment la majorité dans l'Allemagne du sud (Bavière,
Bade), l'Alsace-Lorraine et aux deux extrémités du

royaume de Prusse (province rhénane, Westphalie; province de Posen, Silésie).

Instruction. — L'Allemagne se distingue par ses établissements d'enseignement supérieur (vingt *universités*, parmi lesquelles Berlin, Leipzig, Munich, Bonn, Tübingen, Gœttingen, Halle, Heidelberg). — Gotha est un centre très important de publications géographiques.

Finances. — Les finances sont en équilibre. Pour l'empire proprement dit, le budget est d'environ 900 millions de francs, la dette d'environ un milliard de francs. Pour l'Allemagne tout entière (y compris les états particuliers), le budget est d'environ 2 milliards 500 millions de francs, la dette d'environ 10 milliards de francs (la dette provient en grande partie de la construction et du rachat des chemins de fer dont la plupart appartiennent à l'État).

Armée. — Le service militaire est *obligatoire*. La durée du service est de 3 ans dans l'*armée active*, 4 ans dans la *réserve*, 5 ans dans la *landwehr du premier ban*, 6 ans dans la *landwehr du second ban*. Le *landsturm* (levée en masse) comprend tous les hommes valides, de 17 à 45 ans, qui ne sont incorporés ni dans l'armée de terre, ni dans la marine.

L'armée allemande comprend 18 corps d'armée.

L'effectif, sur le pied de paix, est d'environ 490,000 hommes. Sur le pied de guerre, les forces militaires totales, non compris le landsturm, sont d'environ *1,700,000 hommes*. Avec le landsturm, l'ensemble des forces mobilisables dépasse trois millions d'hommes.

Places fortes. — A l'ouest : Metz, *Strasbourg*, *Mayence*, Coblenz, *Cologne*, Wesel (1). — Au sud : Ulm, Ingolstadt. — A l'est : *Kœnigsberg*, *Thorn*, Danzig, *Posen*, Glogau, Cüstrin. — Au centre : Magdebourg, Spandau.

Outre les deux ports de guerre de *Wilhelmshafen* et de *Kiel*, de nombreux ouvrages sont établis le long des côtes,

---

(1) Thionville (sur la Moselle), Sarrelouis (sur la Sarre), Neuf-Brisach, Rastatt, Germersheim (ligne du Rhin) sont des places d'ordre secondaire.

notamment aux endroits suivants : embouchures du Weser et de l'Elbe, Stralsund, Swinemünde, Danzig et embouchure de la Vistule, Pillau, Memel.

Flotte de guerre. — Elle comprend en tout une centaine de bâtiments, dont **27** vaisseaux et navires blindés, et **16,000** hommes d'équipage.

Géographie économique. — Des deux parties de l'Allemagne, l'Allemagne du sud est la plus fertile, l'Allemagne du nord la plus industrieuse et la plus commerçante.

La plaine de l'Allemagne du nord se compose le plus souvent de terrains de qualité fort médiocre. La plaine du Rhin, entre la Forêt-Noire et les Vosges, le Würtemberg, la Saxe sont remarquables par leurs belles cultures.

La céréale que l'Allemagne produit en plus grande quantité est le *seigle;* la production de la *pomme de terre* est très considérable.

La *vigne* se rencontre principalement dans la *région rhénane* et notamment dans l'Alsace, dans les vallées du Neckar, du Main, de la Moselle et sur les flancs des plateaux schisteux qui bordent le Rhin entre Bingen et Bonn (vins du Taunus, avec le Johannisberg). L'Allemagne produit surtout des vins blancs.

Parmi les cultures industrielles, celles de la betterave à sucre, du houblon, du lin, du chanvre, du tabac sont développées.

Les *bois,* bien aménagés et composés surtout de sapins et de pins, couvrent un quart du territoire.

La plaine de l'Allemagne du nord élève de bonnes races de *chevaux* (chevaux du Hanovre et de l'Oldenbourg, du Holstein, du Mecklenbourg, de la Prusse orientale). Le porc est élevé surtout dans la Westphalie qui fournit les jambons dits de Mayence.

L'industrie est principalement groupée : à l'ouest, dans la Prusse rhénane (Aix-la-Chapelle, Crefeld, Barmen, Elberfeld, Essen) et la Westphalie (Dortmund, Iserlohn); à l'est, dans la Saxe royale (Chemnitz) et la Silésie (Breslau).

L'empire allemand a des productions minérales abondantes et variées. C'est, après la Grande-Bretagne et les États-Unis, le pays qui produit le plus de houille et de fer.

Les principaux bassins houillers sont ceux de la **Ruhr**, de Sarrebruck, de la haute Silésie. — Le fer, très abondant, se rencontre notamment dans la province rhénane, la Westphalie, le Harz, la Saxe, la Lorraine.

Les principaux métaux autres que le fer sont : le zinc (haute Silésie, confins de la Prusse rhénane et de la Belgique); le plomb (haute Silésie, monts des Mines, Harz, Prusse rhénane); l'argent (monts des Mines, Harz, Westphalie). — **L'Allemagne** du nord et du centre renferme des couches profondes de *sel gemme*, notamment aux pieds du Harz.

L'ambre est recueilli sur le littoral du Frische Haff et du Kurische Haff, et surtout sur les côtes de la presqu'île qui sépare ces deux lagunes.

Les *eaux minérales* sont nombreuses (le *Taunus*, avec Wiesbaden, Hombourg, Ems; la Forêt-Noire, avec Baden-Baden : Aix-la-Chapelle).

L'industrie **métallurgique**, la plus importante de toutes les industries allemandes, a pour principaux centres la Prusse rhénane et la Westphalie : aciéries d'**Essen** (usine Krupp); hauts fourneaux de Dortmund; armes blanches et coutellerie de Solingen; ferronnerie de Remscheid; quincaillerie d'Iserlohn.

L'industrie **textile** (filature et tissage) est considérable, mais elle n'a pas la même extension qu'en Grande-Bretagne et qu'en France. Les principaux centres de fabrication sont : pour les tissus de tout genre, la Prusse rhénane (Elberfeld, Barmen); pour les cotonnades, la haute Alsace (Mulhouse), la Saxe royale (Chemnitz); pour les soieries, la Prusse rhénane (Crefeld, Elberfeld, Barmen); pour les lainages, Aix-la-Chapelle, Berlin, la Silésie; pour les tissus de lin, la Westphalie (toiles de Bielefeld), le Hanovre.

L'Allemagne est aujourd'hui le premier pays d'Europe pour la production du sucre de betterave (*Magdebourg*). La fabrication de l'*eau-de-vie* de grains et de pommes de terre

(Danzig et le nord-est de l'Allemagne), la brasserie (*bière de Bavière*, Munich), la fabrication des *produits chimiques*, des ouvrages en cuir, la céramique et la verrerie, la papeterie, la librairie, dont *Leipzig* est le centre commercial, sont au nombre des industries les plus importantes. L'Allemagne a entre autres spécialités : la fabrication des *jouets* à bas prix dont *Nuremberg* est le principal marché et la haute Franconie (Sonneberg, dans le duché de Saxe-Meiningen) le principal lieu de confection ; la fabrication des *bijoux à bas titre* (Pforzheim, Hanau) et des *horloges de bois* (Forêt-Noire).

Les produits industriels de l'Allemagne se distinguent par la quantité et le bas prix ; pour la qualité, la variété et le goût, ils sont généralement inférieurs aux produits français.

Le commerce extérieur est d'environ huit milliards de francs qui se partagent à peu près également entre l'importation et l'exportation. L'Allemagne importe des matières premières et exporte des produits fabriqués.

Il n'y a pas de lignes de douanes entre les divers états qui composent l'empire allemand. Les limites du territoire de l'Union douanière ou Zollverein sont les mêmes que celles de l'empire, sauf quelques exceptions : les ports francs de Hambourg et d'Altona, de Brême et de Bremerhafen sont en dehors du Zollverein ; le grand-duché de Luxembourg, qui ne fait pas partie de l'empire, est compris dans le Zollverein.

Le *mark*, comme monnaie de compte, vaut 1 franc 25.

Hambourg est le plus grand port de commerce de l'Allemagne ; *Brême* (dont le port pour les grands navires est à Bremerhafen) est, en Allemagne, la seconde place de commerce maritime.

Canaux. — La batellerie dispose d'un important réseau de rivières navigables, parmi lesquelles le Rhin et l'Elbe sont les plus fréquentées. — Le nombre des canaux (2,000 kilomètres) est relativement peu considérable.

Le *canal de l'Eider*, de l'Eider à la baie de Kiel, joint la mer du Nord à la Baltique; mais il n'est accessible qu'aux navires de faible tonnage.

Une série de voies navigables relient l'Elbe à l'Oder et à la Vistule, savoir : *canal de Finow*, entre la Havel et l'Oder; *canal de Frédéric-Guillaume*, entre la Sprée et l'Oder; *canal de Bromberg*, entre la Netze et la Vistule.

L'Allemagne du sud n'a qu'un seul canal, le *canal Louis*, qui relie le Main au Danube par les vallées de la Regnitz et de l'Altmühl.

Dans l'Alsace-Lorraine, deux grands canaux, le canal de la Marne au Rhin (avec embranchement sur les houillères de la Sarre) et la canal du Rhône au Rhin sont de création française.

L'empire allemand a entrepris le creusement d'un canal maritime de la mer du Nord à la Baltique. Ce canal sera à niveau; il aura 99 kilomètres de long, 8 mètres 50 de profondeur, et pourra livrer passage aux plus grands vaisseaux de guerre et de commerce. Il partira de Brunsbüttel, sur l'Elbe, près de son embouchure, atteindra l'Eider, suivra à peu près le tracé du canal de l'Eider, et aboutira dans la baie de Kiel, à Holtenau.

Chemins de fer (39,000 kilomètres). — La plus grande partie (34,000 kilomètres) appartient à l'État.

Lignes de l'ouest à l'est. — Une ligne à peu près parallèle à la mer du Nord et à la Baltique, passant par Oldenbourg, Brême, Hambourg, Lübeck, Stettin, Danzig, Kœnigsberg, et desservant tous les ports, soit directement, soit par des embranchements.

Ligne de Paris à Berlin et à Saint-Petersbourg, savoir: Paris à Aix-la-Chapelle par Liège et Verviers; Aix-la-Chapelle à Berlin par Cologne, Düsseldorf, Dortmund, Hanovre, Stendal, ou par Düsseldorf, Elberfeld, Magdebourg. — Berlin à Saint-Petersbourg par Cüstrin, Dirschau (basse Vistule), Kœnigsberg.

Metz à Francfort-sur-le-Main par Sarrebruck, la vallée de la Nahe, Mayence. — Francfort à Dresde par Eisenach, Gotha, Erfurt, Leipzig; ou par la vallée du Main, Hof, Chemnitz. — Dresde à Breslau par Gœrlitz.

Paris à Vienne par Nancy, Saverne, Strasbourg, Carlsruhe, Stuttgart, Ulm, Augsbourg, Munich.

Lignes du nord au sud. — Une ligne desservant la rive gauche du Rhin par Cologne, Coblenz, Mayence, Worms, Strasbourg, Colmar, Mulhouse; et de là soit Bâle, soit Belfort.

Une ligne desservant la rive droite du Rhin par Wesel, Düsseldorf, Wiesbaden, Francfort-sur-le-Main, Darmstadt, Heidelberg, Carlsruhe, Fribourg, Schaffhouse.

Lignes ayant Cassel pour centre: Brême et Hambourg à Cassel par Hanovre; Cassel à Francfort-sur-le-Main; Cassel à Munich par Würzbourg, Ingolstadt.

Magdebourg à Munich par Leipzig, Eger, Ratisbonne.

Ligne de la frontière danoise à Berlin par Schleswig, Hambourg; Stralsund à Berlin; Stettin à Berlin. — Berlin à Vienne par Dresde, Prague. — Berlin à Cracovie par Francfort-sur-l'Oder, Breslau.

Histoire. — *Empire.* En 1789, le *Saint empire romain germanique* conservait l'aspect d'un pays morcelé par la féodalité depuis le moyen âge. Il comptait environ 360 états de toute grandeur (principautés laïques, principautés ecclésiastiques, 51 villes libres), plus les fiefs nombreux de la noblesse immédiate. Une partie des domaines de la maison d'Autriche (pays autrichiens proprement dits, Bohême et dépendances, Pays-Bas autrichiens), étaient compris dans l'empire.

L'empire était *électif*; de fait, depuis le XVᵉ siècle, les empereurs appartenaient à la maison d'Autriche. L'autorité impériale était presque nulle, le lien fédéral très lâche, les contingents militaires de l'empire étaient lents à se mouvoir. Le pouvoir résidait dans la Diète.

L'intervention de la France modifia et simplifia cette antique organisation. Après l'acquisition par la France (traités de Bâle et de Lunéville) des territoires d'empire situés sur la rive gauche du Rhin, le recez de 1803 supprima les principautés ecclésiastiques et réduisit à 6 le nombre des villes libres. Le Saint empire romain germanique prit fin en 1806 et fut remplacé par la *Confédération du Rhin*, sous le protectorat de la France. De nombreux petits états disparurent alors et la noblesse immédiate perdit sa souveraineté. Les territoires allemands furent plus d'une fois remaniés par Napoléon et la Confédération du Rhin, en dehors de laquelle restaient l'Autriche et la Prusse, ne comprenait plus en 1810 que 37 états.

Les traités de 1815 créèrent la *Confédération germanique*, composée de 39 états, représentée par la Diète fédérale siégeant à Francfort-sur-le-Main et placée sous la présidence héréditaire de l'Autriche. La Confédération comprenait l'Autriche et la Prusse pour ceux de leurs domaines qui avaient fait partie du Saint empire, le roi de Danemark pour le Holstein et le Lauenbourg, le roi des Pays-Bas pour le Luxembourg.

En 1866, après la victoire de la Prusse sur l'Autriche (bataille de Sadowa), la Confédération germanique, qui comptait alors 33 états, fut dissoute, et l'Autriche dut rester en dehors de la nouvelle organisation de l'Allemagne. La *Confédération de l'Allemagne du nord*, placée sous la présidence héréditaire du roi de Prusse et subordonnée à son autorité, comprenait 22 états au nord du Main. En 1871, elle a fait place à *l'empire allemand* dont le roi de Prusse est empereur à titre *héréditaire*.

Prusse. La monarchie prussienne, créée par la maison de Hohenzollern, originaire de l'Allemagne du sud, a eu pour noyaux le *margraviat-électorat de Brandebourg* et le *duché de Prusse*, conquis tous deux au moyen âge par les Allemands sur des populations païennes de race slave.

Le margraviat de Brandebourg fut vendu en 1415 à Frédéric de Hohenzollern par l'empereur Sigismond. — La Prusse proprement dite appartint aux chevaliers de l'ordre teutonique jusqu'en 1525 : à cette époque, le grand-maître de l'ordre, Albert de Brandebourg, de la famille des Hohenzollern, sécularisa la Prusse et en fit un duché héréditaire placé sous la suzeraineté de la Pologne. En 1618, le duché de Prusse fut joint, par héritage, au margraviat de Brandebourg. Ces deux pays étaient séparés l'un de l'autre par la Pologne.

Dès le XVII° siècle, les Hohenzollern s'appliquèrent à développer leurs forces militaires et à combler les vides entre les divers tronçons de territoire dont se composait leur monarchie.

Le margrave Frédéric-Guillaume (1640-1688), surnommé le Grand-Électeur, commença la puissance de la monarchie prussienne. Il acquit, à la paix de Westphalie (1648), la Poméranie orientale et plusieurs territoires ecclésiastiques sécularisés, parmi lesquels l'archevêché de Magdebourg. Il affranchit (1657) le duché de Prusse de la suzeraineté polonaise. Il obtint, par héritage, divers territoires en Westphalie et le pays de Clèves, à l'ouest du Rhin.

Son successeur, Frédéric III (Frédéric I comme roi) obtint de l'empereur l'érection du duché de Prusse en *royaume* (1701). — Frédéric-Guillaume I enleva à la Suède (paix de Stockholm, 1720) les bouches de l'Oder et la Poméranie occidentale. — Frédéric II (1740-1786) conquit sur l'Autriche la Silésie (1741) et fut le promoteur du partage de la Pologne. Après le dernier partage (1795), la Prusse avait Varsovie et s'étendait à l'est jusqu'au Niemen et au Boug.

Après avoir lutté un moment contre la Révolution française, la Prusse fit, dès 1795, la paix avec elle et lui céda ses possessions de la rive gauche du Rhin; en échange de ces petits territoires, elle acquit, au recez de 1803, des domaines considérables dans l'Allemagne du nord et du centre (Munster, Erfurt, etc).

Réduite à une situation critique par la paix de Tilsit (1807), dépouillée de ses provinces à l'ouest de l'Elbe ainsi que de ses possessions polonaises, la Prusse reprit l'avantage aux traités de 1815 : de ses anciennes possessions polonaises, cédées à la Russie, elle ne conserva que la province de Posen et la basse Vistule; mais outre ses possessions allemandes recouvrées, elle acquit la Poméranie suédoise (Stralsund et l'île de Rugen), une grande partie du royaume de Saxe (le tiers de la population et la moitié du territoire) et la province rhénane (anciens électorats ecclésiastiques de Trèves et de Cologne) par laquelle elle devenait voisine de la France. La monarchie prussienne se trouvait alors composée de deux grands tronçons, entre lesquels s'intercalait le royaume de Hanovre.

Le partage des duchés (Lauenbourg, Holstein, Schleswig), enlevés en 1864 au Danemark par la Prusse et l'Autriche coalisées, amena un conflit entre ces deux états. La Prusse, victorieuse de l'Autriche (bataille de Sadowa) et des états allemands alliés de l'Autriche, garda les duchés (province actuelle de Schleswig-Holstein) et s'annexa le royaume de Hanovre (province actuelle de Hanovre), l'électorat de Hesse-Cassel, le duché de Nassau, la ville libre de Francfort (province actuelle de Hesse-Nassau).

Colonies. — L'empire allemand a placé sous son protectorat :

Dans l'Afrique occidentale : 1° le territoire de *Togo*, sur la Côte des Esclaves, entre les établissements anglais de la Côte d'Or, à l'ouest, les établissements français de Grand-Popo, à l'est; 2° le territoire de *Cameroun*, entre les établissements anglais du bas Niger et l'Ouest africain français; 3° le territoire de l'Afrique occidentale *(Angra-Pequeña)*, entre le Counéné, au nord, limite des possessions portugaises, et le fleuve Orange, au sud, limite des possessions anglaises.

Dans l'Afrique orientale : une série de territoires qui vont de la côte de *Zanguebar* à la région des grands lacs.

En Océanie : 1° la partie nord-est de la *Nouvelle-Guinée*; 2° l'archipel de la *Nouvelle-Bretagne* (appelé par les Allemands archipel Bismarck); 3° la partie septentrionale de l'archipel des îles *Salomon*; 4° les îles *Marshall*. — L'influence politique allemande prédomine aux îles Samoa.

Hambourg et Brême ont d'importantes relations de commerce avec la côte d'Afrique et la Polynésie, mais les colonies allemandes sont d'origine récente. C'est en 1884 que l'empire allemand a commencé à proclamer son protectorat sur divers points de l'Afrique et de l'Océanie.

En Afrique, en 1884, l'Allemagne établissait son protectorat sur les territoires de la côte occidentale (Angra-Pequeña), dont un négociant de Brême avait pris possession l'année précédente, et bientôt elle étendait son occupation jusqu'au Counéné, au nord, et jusqu'au fleuve Orange, au sud. Elle occupait aussi, en 1884, les territoires de Togo et de Cameroun. — En 1885, elle commençait à placer sous son protectorat divers territoires de l'Afrique orientale situés entre la côte de Zanguebar et les grands lacs, elle continue progressivement ses acquisitions dans cette région et vient de réduire (1888) le domaine immédiat du sultan de Zanzibar à quelques îles.

En Océanie, l'Allemagne a placé sous son protectorat : en 1884, la partie nord-est de la Nouvelle-Guinée et l'archipel de la Nouvelle-Bretagne ; en 1885, la partie septentrionale des îles Salomon et les îles Marshall.

Noms allemands de lieux. — Aix-la-Chapelle, *Aachen* ; Allemagne, *Deutschland* ; Brandebourg, *Brandenburg* ; Brême, *Bremen* ; Brunswick, *Braunschweig* ; Cologne, *Cœln* ; Dresde, *Dresden* ; Francfort, *Frankfurt* ; Fribourg, *Freiburg* ; Hanovre, *Hannover* ; Mayence, *Mainz* ; Munich, *München* ; Nuremberg, *Nürnberg* ; Ratisbonne, *Regensburg* ; Sarrebruck, *Saarbrück* ; Spire, *Speyer* ; Trèves, *Trier*.

AUTRICHE-HONGRIE

Bornes. — Empire allemand (Bavière, Saxe royale, Prusse), Russie, Roumanie, Serbie, Turquie, Montenegro, mer Adriatique, Italie, Suisse et principauté de Liechtenstein.

Côtes. — La côte de la mer Adriatique est formée de roches calcaires, très *découpée* (les Bouches de Cattaro) et présente beaucoup de bons ports. Presqu'île d'*Istrie*, entre les golfes de Trieste et de Quarnero ; *îles illyriennes*. Ports : Trieste ; *Pola*, port de guerre ; *Fiume*, Zara.

Relief. — Alpes. Montagnes de la Dalmatie et de la Bosnie. Carpathes. Montagnes de Bohême. Entre les Alpes et les Carpathes est la plaine hongroise.

Alpes autrichiennes.

L'Autriche-Hongrie renferme la partie orientale des Alpes.

Grandes Alpes. — 1° Alpes rhétiques (partie orientale : massif de l'*Œtzthal*, avec de vastes glaciers), depuis le col de Reschen (route de la haute vallée de l'Inn aux sources de l'Adige) jusqu'au col du Brenner (route et chemin de fer d'Innsbruck à Trente).

2º **Alpes noriques,** depuis le col du Brenner jusqu'au Danube. Elles comprennent dans leur partie occidentale une chaîne de hautes montagnes, les Hohe Tauern, avec les sommets du Pic des Trois-Seigneurs, du Venediger et du *Gross Glockner.* A l'est, elles s'abaissent, présentent de nombreux passages et se divisent en deux sections que sépare la vallée de la Mur : au nord, les Kleine Tauern ou Tauern Kette; au sud, les Alpes de Styrie avec le col de Neumarkt (route et chemin de fer de la vallée de la Mur à la vallée de la Drave) et le col du *Semmering* (route et chemin de fer de Vienne à la vallée de la Mur).

Massifs latéraux, au nord. — 1º Massifs entre le Rhin et l'Inn : *Rhæticon, Alpes du Voralberg* avec le col de l'Arlberg (chemin de fer d'Innsbruck à Zurich, tunnel de 10 kilomètres), *Alpes bavaroises.*

2º **Alpes de Salzbourg,** entre l'Inn et la Traun.

3º **Alpes autrichiennes,** à l'est de la Traun.

Massifs latéraux, au sud. — 1º Massifs de l'Ortler et de l'Adamello, entre le haut Adda et l'Oglio à l'ouest, l'Adige à l'est. Col du *Stelvio* (route de la haute vallée de l'Adige à la haute vallée de l'Adda), entre les Grandes Alpes et le massif de l'Ortler; col du *Tonal* (route de la haute vallée de l'Adige à la haute vallée de l'Oglio), entre les massifs de l'Ortler et de l'Adamello.

2º **Alpes cadoriques,** entre l'Adige et le Piave.

Alpes du sud-est. — 1º Alpes carniques, depuis la dépression du *Pusterthal* qui les sépare des Grandes Alpes (chemin de fer de la haute vallée de la Drave à la haute vallée de l'Adige) jusqu'au mont *Terglou.* Col de *Tarvis* (route et chemin de fer de Villach à Udine; c'est la route de Vienne à Venise). — Au sud-est, entre la Drave et la Save, les Alpes carniques se prolongent par les Karavanken.

2º **Alpes juliennes** et plateau du *Karst,* du mont Terglou au golfe de Quarnero. Col d'*Adelsberg* (route et chemin de fer de Laibach à Trieste; c'est la route de

Vienne à Trieste). Au sud du mont Terglou, les montagnes s'abaissent très sensiblement. Elles forment des plateaux calcaires, arides, troués par les eaux, et renferment de nombreuses grottes ([1]).

Montagnes de la Dalmatie et de la Bosnie.

— Les Alpes dinari ues, qui accidentent la Dalmatie, et les montagnes de la Bosnie et de l'Herzégovine se rattachent au système montagneux de la péninsule des Balkans. Elles se composent de chaînes calcaires et parallèles dont l'altitude s'accroît du nord au sud.

Carpathes

— Elles décrivent une grande courbe, depuis la trouée qui les sépare des Sudètes et où l'Oder prend sa source jusqu'au défilé des Portes de fer, sur le Danube. Elles se composent, au nord et au sud, de deux larges masses de montagnes, abondantes en métaux, et dont les points culminants sont formés de roches granitiques; elles comprennent au centre une chaîne formée de grès, couverte de forêts épaisses, moins large et moins haute que les Carpathes du nord et du sud.

Carpathes septentrionales. — Elles sont dominées par le massif du Tatra, avec des sommets de plus de 2,600 mètres. Elles projettent jusqu'au Danube de nombreux contreforts (à l'ouest les Petites Carpathes, à l'est le Matra).

Carpathes centrales ou Carpathes boisées. — Elles constituent une *dépression* entre les Carpathes du nord et les Carpathes du sud.

Carpathes méridionales. — Elles enferment un large plateau *(plateau de Transylvanie)* et sont limitées au sud par les *Alpes transylvaines*, dont le point culminant dépasse 2,500 mètres.

Montagnes de Bohême.

— La Bohême est un

plateau composé en grande partie de *granit* et entouré de montagnes : au nord-est, système des **Sudètes** (Sudètes proprement dites, monts des Géants, monts de Lusace); au nord-ouest, **monts des Mines;** au sud-ouest, **Forêt de Bohême** (1); au sud-est, **hauteurs de Moravie.** Les hauteurs de Moravie ne forment pas une chaine séparative; ce sont des plateaux à pente très douce, d'accès facile, et dont l'altitude ne dépasse guère le plus souvent 500 mètres au-dessus du niveau de la mer.

Plaine hongroise. — La plaine hongroise, traversée par les cours parallèles du Danube et de la Theiss, est un sol d'alluvion formé d'un ancien fond de lac dont les eaux se sont vidées par la brèche des Portes de fer. Elle est caractérisée par de vastes étendues d'apparence absolument *plate,* couvertes tantôt de poussière, tantôt de boue.

Cours d'eau. — Versant de la mer Noire. 1° Le Danube, depuis Passau jusqu'aux Portes de fer.

De Passau à Presbourg, le Danube traverse les *pays allemands* de la monarchie austro-hongroise et passe à Linz et à Vienne. Dans cette partie de son cours, le Danube est le plus souvent resserré entre les *montagnes* (Alpes à droite, Forêt de Bohême à gauche); le défilé s'élargit plusieurs fois, notamment à Vienne; puis, aux environs de Presbourg, la vallée du Danube se rétrécit de nouveau (extrémité orientale des Alpes à droite, Petites Carpathes à gauche).

De Presbourg aux Portes de fer, le Danube traverse la *plaine hongroise;* toutefois, entre Gran et Waitzen (en amont de Budapest), il est resserré entre la Forêt de Bakony à droite, un contrefort des Carpathes, prolongement du Matra, à gauche. A travers la Hongrie, le Danube s'étend sur une grande largeur et forme de nombreuses îles (grand île *Schütt,* petite île Schütt, île Csepel). Il passe à *Presbourg,* Komorn, Budapest. Il sépare la monarchie

(1) Pour les détails, voir page 27.

austro-hongroise de la Serbie depuis le confluent de la Save, s'engage, entre les monts de Serbie à droite, les Carpathes méridionales à gauche, dans le long défilé des Portes de fer où il atteint jusqu'à 50 mètres de profondeur, et sort de la monarchie austro-hongroise au-dessous d'Orsova.

Affluents de droite du Danube. — L'Inn a ses sources au col de la Maloïa, en Suisse, où il arrose l'Engadine; il traverse ensuite la province autrichienne du Tirol où il passe à Innsbruck, puis la Bavière, forme, par son cours inférieur, frontière entre la Bavière et l'Autriche et finit à Passau. — L'Inn reçoit à droite la *Salzach*, qui passe à Salzbourg et sépare, par son cours inférieur, la Bavière de l'Autriche.

La Traun.

L'Enns.

La *Leitha* limite, par son cours moyen, les deux grandes divisions de la monarchie austro-hongroise (provinces cisleithanes et transleithanes).

La Raab.

La Drave traverse le Pusterthal, passe à Villach, laisse à gauche Klagenfurt, passe à Essek. Elle reçoit à gauche la *Mur* qui passe à *Gratz*.

La Save sort du mont Terglou, laisse à droite Laibach, à gauche Agram, sépare l'Esclavonie de la Bosnie, puis de la Serbie, et finit entre Semlin (à l'Autriche-Hongrie) et Belgrade (à la Serbie). — La Save reçoit à droite l'Unna, qui sépare la Croatie de la Bosnie; puis, en Bosnie, le Verbas, la Bosna, qui passe à Sarajevo, la Drina, qui sépare la Bosnie de la Serbie.

Affluents de gauche du Danube. — La *March* ou Morava sort des Sudètes, passe à Olmütz, sépare, par son cours inférieur, les provinces cisleithanes des provinces transleithanes et finit au-dessus de Presbourg. Elle reçoit à droite la Thaya, qui sort des hauteurs de la Moravie.

La Theiss (en magyar *Tisza*) sort de l'extrémité méridionale des Carpathes du centre et passe à *Szegedin*. C'est par excellence la *rivière hongroise*. La Theiss reçoit à gauche plusieurs grands cours d'eau qui descendent du plateau de Transylvanie : la Szamos, dont une des branches passe à Klausenbourg ; la Kœrœs; la *Maros*, qui finit en face de Szegedin.

L'Autriche-Hongrie possède encore les cours supérieurs de trois grands affluents de gauche du bas Danube : l'*Aluta*, qui coule d'abord sur le plateau de Transylvanie et en sort au défilé de la Tour rouge ; le *Sereth*; le *Pruth*, qui passe à Czernowitz. Le Sereth et le Pruth ont leurs sources sur le versant oriental des Carpathes centrales.

2° Le cours supérieur du *Dniester*, qui sort des Carpathes centrales.

Versant de la mer Baltique. 1° Le cours supérieur de la Vistule. La Vistule sort des Carpathes du nord. Elle passe à *Cracovie*, puis forme frontière entre l'Autriche-Hongrie et la Russie jusqu'au-dessous du confluent du San, affluent de droite.

2° Les sources de l'Oder. L'Oder sort de la dépression entre les Sudètes et les Carpathes, et se grossit à gauche de l'*Oppa*, qui passe à Troppau.

Versant de la mer du Nord. 1° Le cours supérieur de l'Elbe. L'Elbe sort des monts des Géants, traverse en Bohème une vallée d'alluvion et sort de Bohème à travers le défilé de la Suisse saxonne. Elle est navigable depuis le confluent de la Moldau.

L'Elbe reçoit à gauche : la Moldau, qui sort de la Forêt de Bohème, passe à Budweiss, où elle est navigable, Prague ; la Moldau a plus d'eau que l'Elbe : elle reçoit à gauche la Beraun, qui passe à Pilsen. — L'Eger, qui sort des monts des Pins.

2° Le Rhin supérieur forme en partie frontière entre la Suisse et l'Autriche, depuis les environs du confluent de l'Ill jusqu'au *lac de Constance*. — L'*Ill*, affluent de droite du Rhin supérieur, sort de la Silvretta et arrose le Voralberg.

Versant de la mer Adriatique. 1° Le cours supérieur de

l'Adige. L'**Adige** est formé par trois cours d'eau : l'*Etsch* ou Adige, branche principale, qui sort du col de Reschen; l'Eisack, qui sort du col du Brenner; le Rienz, qui traverse le Pusterthal et se joint à l'Eisack. L'Adige passe à Trente.

2º L'Isonzo sort du mont Terglou.

3º La Narenta traverse l'Herzégovine et passe à Mostar.

Lacs. — La monarchie austro-hongroise touche au lac de Constance et au lac de Garde. Elle renferme de nombreux petits lacs dans les Alpes (région du *Salzkammergut*, dans le haut bassin de la Traun) et dans le massif du Tatra. Dans la partie occidentale de la Hongrie sont le lac de *Neusiedl*, vaste marécage d'étendue variable et qui assèche de temps en temps; le lac **Balaton**, peu profond. La plaine hongroise, le long des grands cours d'eau et surtout le long de la Theiss, renferme de vastes marécages.

Climat. — Le climat, tempéré dans son ensemble, présente néanmoins des différences assez sensibles suivant les régions. Dans la plaine hongroise et dans les régions orientales, il est continental et extrême: les saisons et les pluies sont très irrégulières dans la plaine hongroise. Le Tirol méridional et le littoral de l'Adriatique ont le climat chaud de l'Europe du sud.

Géographie politique. — La monarchie austro-hongroise comprend deux grandes divisions : les pays cisleithans ou empire d'Autriche, capitale Vienne; les pays transleithans ou royaume de Hongrie, capitale Budapest.

Pays cisleithans ou autrichiens.

Basse-Autriche, capitale Vienne (en allemand *Wien*).

Haute-Autriche, capitale Linz.

Salzbourg, capitale Salzbourg.

Styrie, capitale Gratz.

Carinthie, capitale Klagenfurt.

Carniole, capitale Laibach (en slovène *Ljulbljana*).
Istrie, capitale Trieste.
Tirol et Voralberg, capitale Innsbruck.
Bohême, capitale Prague (en tchèque *Praha*).
Moravie, capitale Brünn.
Silésie, capitale Troppau.
Galicie, capitale Leopol ou Lwow (en allemand *Lemberg*).
Ville : Cracovie.
Bukowine, capitale Czernowitz.
Dalmatie, capitale Zara.

Pays transleithans ou pays de la couronne hongroise.

Hongrie et Transylvanie, capitale Budapest. Villes : Presbourg, Szegedin, en Hongrie; Klausenbourg, capitale de la Transylvanie.
Le port de Fiume et son territoire.
Croatie et Esclavonie, capitale Agram (en croate *Zagreb*).
Ville : Essek, capitale de l'Esclavonie.

Bosnie et Herzégovine.

Depuis 1878, en vertu du traité de Berlin, l'Autriche-Hongrie occupe militairement et administre les provinces turques de Bosnie et d'Herzégovine, qui n'appartiennent plus que de nom à l'empire ottoman et qui sont réunies au territoire douanier de la monarchie austro-hongroise. Capitale Sarajevo, en Bosnie; ville : Mostar, dans l'Herzégovine. — L'Autriche-Hongrie a aussi, d'après le traité de Berlin, le droit d'occuper militairement le district de Novibazar dont l'administration a été laissée à l'empire ottoman.

L'administration de la Bosnie et de l'Herzégovine est exercée par le ministère commun à toute la monarchie austro-hongroise.

Depuis 1867, l'Autriche-Hongrie se divise en deux états distincts et autonomes (Cisleithanie ou empire d'Autriche, capitale Vienne; Transleithanie ou royaume de Hongrie, capitale Budapest), qui ont le même souverain, empereur d'Autriche et roi de Hongrie. L'empire d'Autriche et le royaume de Hongrie ont chacun un gouvernement constitutionnel particulier (deux chambres et un ministère). Les affaires communes (affaires étrangères, affaires militaires, finances pour ce qui concerne les dépenses relatives aux affaires communes) sont administrées par un ministère commun, assisté de deux délégations élues l'une par le parlement d'Autriche, l'autre par le parlement de Hongrie; les délégations siègent alternativement à Vienne et à Budapest. — Un assez grand nombre d'affaires d'utilité générale (douanes, monnaies, poids et mesures, chemins de fer, navigation, etc.) ont en outre été réglées par une entente entre les gouvernements cisleithan et transleithan: ainsi toute la monarchie austro-hongroise ne forme qu'un même territoire douanier.

Cette organisation (le *dualisme*) est le résultat d'un compromis qui a eu pour objet de donner satisfaction à la race magyare. Les Tchèques, qui dépendent de la Cisleithanie, réclament aujourd'hui à leur tour une part dans la direction des affaires. — Toutefois, dans les pays cisleithans, les diverses provinces ont une certaine autonomie et possèdent des assemblées locales ou diètes, investies d'attributions étendues; dans les pays transleithans, la Croatie et l'Esclavonie forment un état autonome qui ne se rattache au gouvernement transleithan que pour les affaires communes. La Transylvanie n'a plus de diète spéciale et est aujourd'hui réunie à la Hongrie proprement dite; mais les diverses circonscriptions administratives (comitats) des pays hongrois ont des assemblées particulières, investies de pouvoirs importants.

Statistique. — *Superficie :* 622,000 kilomètres carrés (300,000 kilomètres carrés pour l'Autriche, 322,000 pour la Hongrie). On compte en outre 51,000 kilomètres carrés pour la Bosnie et l'Herzégovine.

Population : 37 millions d'habitants (61 habitants par kilomètre carré), dont 22 millions pour l'Autriche (74 habitants par kilomètre carré), 15 millions pour la Hongrie

(49 habitants par kilomètre carré). On compte en outre
1,330,000 habitants (26 habitants par kilomètre carré)
pour la Bosnie et l'Herzégovine. — La Basse-Autriche,
la Silésie, la Bohême, la Moravie sont les provinces les
plus peuplées.

Villes de plus de 50,000 habitants. — Vienne, 1,103,000
habitants avec les communes limitrophes; Budapest,
360,000; Prague, 162,000 habitants (et 177,000 avec les
faubourgs); Leopol, 109,000; Gratz, 97,000; Brünn,
82,000; Trieste, 74,000 (et 145,000 avec les faubourgs);
Szegedin, 73,000 (¹); Cracovie, 66,000; Szabadka (ou
Maria-Theresiopel), 61,000; Debreczin, 51,000; Hodmezœ-
Vasarhely, 50,000.

Races. — La population se compose de nombreuses races
qui parlent diverses langues : Slaves, Allemands, Magyars,
Roumains, Italiens, etc.

Les **Slaves** sont les plus nombreux : ils composent près
de la moitié de la population de l'Autriche-Hongrie. Mais
ils sont séparés en deux groupes absolument isolés : les
Slaves du nord et les Slaves du sud, entre lesquels s'inter-
posent les Allemands, les Magyars et les Roumains. Les
Slaves du nord (Bohême, Moravie, Hongrie septentrionale,
Galicie) ont leur centre intellectuel à *Prague;* les Slaves du
sud (Croatie et Esclavonie, Dalmatie, Istrie, Carniole,
partie méridionale de la Carinthie et de la Styrie; Bosnie
et Herzégovine) ont leur centre intellectuel à *Agram*.

Les Slaves se divisent en outre en diverses branches qui
n'ont ni le même langage, ni la même religion, ni les
mêmes mœurs. Les Slaves du nord se divisent en :
1° *Tchèques* (Bohême et Moravie) et Slovaques (massif
septentrional des Carpathes); 2° *Polonais* (Galicie occidentale, bassin supérieur de la Vistule); 3° *Ruthènes* (Galicie
orientale, bassin supérieur du Dniester; partie de la Bukowine). — Les Slaves du sud se divisent en : 1° *Serbes* et
Croates (Croatie et Esclavonie, Hongrie méridionale,

(¹) Sauf Budapest et Presbourg, la plupart des grandes communes
hongroises (Szegedin, Maria-Theresiopel, Debreczin, Hodmezœ-Vasar-
hely) ont l'aspect d'immenses bourgades plutôt que celui de villes.

Istrie, Dalmatie; Bosnie et Herzégovine); 2° *Slovènes* (Carniole, partie de la Styrie et de la Carinthie).

Les Tchèques sont les plus civilisés des Slaves.

Les **Allemands** (un quart de la population) habitent la région des Alpes, la Silésie et les contours intérieurs de la Bohême. Ils forment en outre divers groupes dans la plaine hongroise et sur le plateau de Transylvanie.

Les **Magyars** (un sixième de la population) habitent la plaine hongroise. Ils partagent actuellement avec les Allemands la direction de la monarchie austro-hongroise. Une de leurs branches (les Szeklers) est établie sur le plateau de Transylvanie.

Les *Roumains* (2,600,000) habitent la Transylvanie et ses abords (Hongrie orientale, Bukowine).

Les *Italiens* (600,000) habitent le Tirol méridional (vallée moyenne de l'Adige ou Trentin), le cours inférieur de l'Isonzo et divers points des côtes de l'Adriatique (Trieste, Fiume, littoral de l'Istrie).

Les Juifs (1,600,000) sont nombreux dans les régions en dehors des Alpes, et surtout dans la Galicie et la Bukowine.

La Transylvanie et la Hongrie comptent environ 80,000 Tsiganes, d'origine indoue et de mœurs nomades.

Religions. — Le catholicisme (catholiques romains et catholiques grecs) est la religion de la majorité. Les membres de l'église grecque orientale, les protestants et les israélites forment le cinquième de la population

Les catholiques composent presque exclusivement la population des provinces alpestres et de la Croatie, la majorité de la population de la Bohême, de la Moravie, de la Silésie, de la Galicie, de la Dalmatie. Les protestants sont nombreux en Hongrie. Les Serbes (Esclavonie, Hongrie méridionale, Bosnie) et les Roumains appartiennent à la religion grecque orientale. Près du tiers de la population de la Bosnie est de religion musulmane.

Finances. — Les finances sont en mauvais état: le budget est en déficit constant. La dette est d'environ 12 milliards de francs.

Armée. — Le service militaire est *obligatoire* (3 ans

dans l'armée active, 7 ans dans la réserve, 2 ans dans la landwehr). Pied de paix : 290,000 hommes ; pied de guerre : 1,100,000 hommes (et 1,500,000 avec le landsturm).

Places fortes. — A l'ouest : divers ouvrages dans les Alpes qui avoisinent l'Italie, notamment dans le Tirol (autour de Trente, et à Franzenfeste, à la jonction des routes du Brenner et du Pusterthal). — A l'est : Olmütz, Cracovie, Przemysl (sur le San). — Au centre : Komorn.

Flotte. — Elle comprend 83 navires de guerre, dont 10 navires blindés et 11,000 hommes d'équipage, d'une très sérieuse valeur. — Pola est le port de guerre.

Géographie économique. — Le sol de l'Autriche-Hongrie fournit à peu près toutes les matières nécessaires à l'industrie de ce pays. Les productions agricoles sont la principale richesse de l'Autriche-Hongrie.

La culture des céréales (blé de Hongrie) est développée dans l'Autriche-Hongrie qui occupe, pour le maïs, le premier rang en Europe. Pour le *vin*, ce pays vient après l'Italie, la France et la péninsule hispanique : vins de Hongrie (Tokai, près de la Theiss, à l'extrémité orientale des Carpathes du nord) et de Dalmatie. *Houblon* de Bohême. *Tabac* de Hongrie. L'Esclavonie et la Bosnie produisent beaucoup de prunes, avec lesquelles on fabrique de l'eau-de-vie.

La plaine hongroise élève beaucoup de bétail et notamment des *chevaux*.

Les forêts couvrent près du tiers du territoire. Les vastes *forêts de chênes* de la Croatie et de la Bosnie fournissent, pour la tonnellerie, des bois qui sont exportés par les ports de Trieste et de Fiume.

Les ressources minérales sont abondantes et variées : houille (Bohême, Silésie) ; fer (Styrie, Carinthie) ; argent (Carpathes du Nord, Bohême) ; or (Transylvanie) ; plomb (Carinthie) ; *mercure* (Idria, en Carniole). La Galicie (mines de Wieliczka, au sud-est de Cracovie) et la Transylvanie renferment d'immenses assises de sel gemme ; les Alpes contiennent aussi de nombreux gisements de sel.

Les eaux minérales sont abondantes en Bohême (Carlsbad, Teplitz, au pied des monts des Mines), dans les Carpathes, dans les Alpes (Ischl, dans le Salzkammergut; Gastein, dans la partie méridionale du pays de Salzbourg).

La Hongrie est avant tout un pays agricole. L'activité industrielle est développée de préférence dans les provinces tchèques et allemandes. Les principaux établissements métallurgiques se trouvent dans la Styrie et la Carinthie. La Bohême, avec la Moravie et la Silésie, est la région qui renferme le plus de manufactures : verres de Bohême, tissus (draps de Reichenberg) (1), sucre de betterave, brasseries de Bohême. Vienne est la première ville manufacturière de la monarchie (machines, voitures, meubles, pianos, brasseries); elle a la spécialité des objets d'art et de luxe (*articles de Vienne*).

Le commerce extérieur annuel dépasse trois milliards de francs.

Le florin, comme monnaie de compte, vaut 2 fr. 50. — L'Autriche-Hongrie frappe des pièces d'or au même poids et au même titre que les pièces françaises de 20 francs.

Les deux principaux ports de commerce sont : Trieste, le plus grand port de l'Adriatique, siège de la Compagnie du Lloyd, dont les vapeurs desservent la Méditerranée orientale et l'Extrême-Orient; *Fiume*, port de la Hongrie. — Le littoral fournit d'excellents marins.

La navigation à vapeur dessert le Danube, la Theiss, la Drave, la Save, la Moldau et l'Elbe.

Chemins de fer (23.000 kilomètres). — Vienne à Munich (et de là Ulm, Stuttgart, Strasbourg, Paris) par Linz.

Vienne à Zurich (et de là Bâle, Paris) par Linz, Salzbourg, Innsbruck, le tunnel de l'Arlberg.

Vienne à Vérone par Linz, Salzbourg, Innsbruck, le Brenner, Trente.

Vienne à Venise par le col du Semmering, Bruck (sur la Mur), le col de Neumarkt, le col de Tarvis, Udine.

Vienne à Trieste par le Semmering, Bruck, Gratz, Laibach, le col d'Adelsberg.

(1) Reichenberg, dans le nord de la Bohême, sur la Neisse de Gœrlitz.

Vienne a Orsova (et de là Bucharest, Roustschouk, Varna) par Presbourg, Budapest, Szegedin, Temesvar.

Vienne à Belgrade par Presbourg, Budapest, Szabadka (Maria-Theresiopel), Peterwardein, Semlin. Et de là Nisch, puis soit Salonique, soit Constantinople.

Vienne à Lemberg par la vallée de la March, la dépression où l'Oder a ses sources, Cracovie. Et Lemberg par Czernowitz à Bucharest ou à Jassy et Odessa.

Histoire. — La maison de Habsbourg, qui a groupé sous sa domination les peuples dont se compose la monarchie austro-hongroise, est originaire de Suisse. Les comtes de Habsbourg possédaient divers domaines dans la vallée inférieure de l'Aar, dans la Suisse du nord et du centre, et en Alsace.

Rodolphe de Habsbourg, devenu empereur, vainquit et tua Ottocar, roi de Bohême, à la bataille du Marchfeld (1278) et lui enleva l'Autriche, la Styrie et la Carniole.

La maison de Habsbourg vit, au commencement du xive siècle, les cantons forestiers de la Suisse s'affranchir de sa domination; au commencement du xve siècle, elle perdit toutes ses possessions en Suisse que les cantons confédérés lui enlevèrent. Mais elle fit, durant la même période, d'importantes acquisitions : au xive siècle, elle obtint par héritage le Tirol et la Carinthie et occupa Trieste, le Voralberg, le Brisgau; du xive siècle au commencement du xvie, elle agrandit, par des acquisitions successives, ses domaines d'Alsace, de Souabe et d'Istrie. Depuis le milieu du xve siècle, elle conserva la couronne de l'empire électif d'Allemagne.

Au xvie siècle, tandis que la branche aînée de la maison d'Autriche, représentée par Charles-Quint, réunissait les héritages des maisons de Bourgogne, d'Aragon et de Castille, la branche cadette, représentée par Ferdinand Ier, frère de Charles-Quint, gardait les états d'Autriche et les agrandissait : après la mort de Louis II Jagellon, roi de Bohême et de Hongrie, mort en combattant contre les Turcs à Mohacs (1526), Ferdinand Ier, son beau-frère et son héritier, acquérait le royaume de Bohême et ses dépendances (Moravie, Silésie); le royaume de Hongrie et ses dépendances (Transylvanie; Esclavonie, Croatie, Dalmatie). Mais les Habsbourg eurent à disputer les domaines de la couronne de Hongrie contre les Turcs qui, jusqu'à la fin du xviie siècle, restèrent maitres de la plaine hongroise.

Les Habsbourg avaient perdu l'Alsace à la paix de Westphalie (1648). A l'extinction de la branche aînée de leur maison, ils ne purent acquérir l'Espagne, mais ils obtinrent par la paix de Rastadt (1714) presque toutes les dépendances européennes de la monarchie espagnole (Sardaigne, bientôt échangée contre la Sicile, Naples, Milanais, Belgique). L'Autriche, il est vrai, perdit, à la suite de la guerre de la succession de Pologne, les Deux-Siciles cédées aux Bourbons d'Espagne et, bientôt après, la Silésie conquise (1741) par Frédéric II, roi de

Prusse. Mais, dans la seconde moitié du xviii° siècle, elle acquit sur l'empire ottoman la Bukowine et prit une part dans le premier et le troisième partages de la Pologne (Galicie, etc.)

Plusieurs fois vaincus par la France, sous la Révolution et l'Empire, les Habsbourg avaient dû renoncer (1806) à la couronne impériale d'Allemagne; mais, dès 1804, ils avaient érigé leurs domaines héréditaires en *empire d'Autriche* (l'Autriche proprement dite était auparavant un archiduché). Aux traités de Vienne (1815), ils ne recouvrèrent ni la Belgique cédée par la paix de Campo-Formio (1797), ni leurs antiques possessions de Souabe, partagées, après Austerlitz, entre Bade et le Wurtemberg, ni toutes leurs récentes acquisitions en Pologne. Mais ils conservaient de plus qu'en 1789 la Vénétie, obtenue à la paix de Campo-Formio; le Tirol méridional et le pays de Salzbourg, anciens domaines ecclésiastiques sécularisés en 1803. L'Autriche acquérait aussi la présidence héréditaire de la Confédération germanique.

Après 1815, l'Autriche exerça en Italie une influence prépondérante jusqu'en 1859 et intervint plusieurs fois en faveur des petits souverains italiens contre leurs sujets. La guerre de 1859 (Solférino) lui enleva le Milanais et la guerre de 1866 (Sadowa) la Vénétie. En 1866, l'Autriche perdait encore la présidence de la Confédération germanique qui était dissoute; elle était exclue de la nouvelle organisation allemande.

L'Autriche, qui avait supprimé, au xviii° siècle, les antiques constitutions provinciales, est restée, jusqu'en 1861, une monarchie absolue; seule la Hongrie maintenait ses *institutions* représentatives. Le compromis de 1867, conclu avec l'élément magyar, a organisé *l'empire d'Autriche-Hongrie* et créé deux gouvernements distincts, l'un pour les pays autrichiens, l'autre pour les pays de la couronne hongroise.

PRINCIPAUTÉ DE LIECHTENSTEIN

Ce petit pays (157 kilomètres carrés) est situé le long du haut Rhin, entre la Suisse et le Voralberg. Il est gouverné constitutionnellement par un grand seigneur autrichien et est uni, pour les douanes, avec l'Autriche. Population : 9.000 habitants, allemands et catholiques. Capitale : Vaduz, 1,000 habitants.

BELGIQUE

Bornes. — Hollande. Prusse, Luxembourg. France. Mer du Nord.

Côtes. — Elles sont *basses* et bordées de dunes. — Ports : **Anvers** (sur l'Escaut) ; Ostende.

Relief. — La plus grande partie de la Belgique est une *plaine* peu accidentée et riche en produits agricoles. Le sol se relève peu à peu de l'ouest à l'est et forme, au sud-est, le plateau des Ardennes (le point culminant atteint près de 700 mètres), massif schisteux et pauvre, tantôt boisé, tantôt couvert de bruyères, de marécages et de tourbières. Les Ardennes sont traversées par la Meuse, de Mézières à Namur, et en bordent ensuite la rive droite, de Namur à Liège.

Cours d'eau. — 1° Une partie du cours de la Meuse, de Givet à Maestricht. La Meuse sort de France (¹) au-dessous de Givet : elle passe en Belgique à Namur, Liège, puis entre en Hollande. — La Meuse reçoit à droite divers affluents qui traversent le plateau des Ardennes : la Semoy ; l'Ourthe, qui finit à Liège, grossie à droite de la Vesdre, qui passe à *Verviers*. — La Meuse reçoit à gauche la *Sambre*, qui a son cours supérieur en France, passe en Belgique à *Charleroi* et finit à Namur.

2° La plus grande partie du cours de l'Escaut. L'Escaut sort de France au-dessous du confluent de la Scarpe, passe en Belgique à Tournai, Audenarde, Gand, Anvers et finit en Hollande. La marée remonte l'Escaut jusqu'au-dessus de Gand. — L'Escaut reçoit à droite : la Dender ; le *Rupel*,

(¹) Pour les bassins français de la Meuse et de l'Escaut, voir mes *Éléments de Géographie, France*.

formé par la réunion de la Senne, qui passe à Bruxelles, de la Dyle, qui passe à Louvain et à *Malines,* et de la Nèthe. — L'Escaut reçoit à gauche la Lys, qui a son cours supérieur en France, passe en Belgique à Courtrai et finit à Gand.

3° L'Yser a son cours supérieur en France.

Climat. — Tempéré, humide et pluvieux; le plateau des Ardennes est froid.

Géographie politique. — La Belgique, capitale Bruxelles, se divise en 9 provinces :

Anvers, chef-lieu Anvers.

Brabant, chef-lieu Bruxelles.

Flandre occidentale, chef-lieu Bruges.

Flandre orientale, chef-lieu Gand.

Hainaut, chef-lieu Mons.

Liége, chef-lieu Liége.

Limbourg, chef-lieu Hasselt.

Luxembourg, chef-lieu Arlon.

Namur, chef-lieu Namur.

Le royaume de Belgique est une monarchie constitutionnelle avec deux chambres, la Chambre des représentants et le Sénat, toutes deux nommées directement par les mêmes électeurs censitaires. Mais les conditions d'éligibilité ne sont pas semblables; le cens est très élevé (plus de 2,000 francs de contributions directes) pour l'éligibilité au Sénat.

Statistique. — *Superficie :* 29,000 kilomètres carrés. *Population :* 5,900,000 habitants (200 habitants par kilomètre carré).

Villes de plus de 40,000 habitants : Bruxelles, 177,000 habitants (et 400,000 environ avec les communes adjacentes) : Anvers, 210,000; Gand, 147,000; Liége, 140,000; Malines, 48,000; Verviers, 47,000; Bruges, 46,000. Charleroi, Mons sont le centre de districts industriels très peuplés.

Races. — Les deux langues parlées en Belgique sont le flamand, qui se rapproche beaucoup du hollandais, et le français, qui est la langue officielle. Les *Flamands* composent un peu plus de la moitié de la population belge : ils habitent la Belgique occidentale et septentrionale ou basse Belgique (Flandres, Anvers, Limbourg, partie septentrionale du Brabant). Les *Wallons*, de langue française, habitent la Belgique orientale ou haute Belgique (partie méridionale du Brabant, Hainaut, Namur, Liège, Luxembourg).

Religion. — Presque toute la population est *catholique*.

Armée. — L'armée se recrute par des engagements volontaires et par le tirage au sort : en fait, elle se compose surtout de remplaçants. La durée du service est en principe de 8 ans. Pied de paix : environ 45,000 hommes. En outre, la garde civique, composée des hommes valides de 21 à 25 ans, est destinée à maintenir l'ordre dans les villes en temps de paix et à tenir garnison en temps de guerre. La garde civique active est de 30,000 hommes : on compte de plus 90,000 hommes de garde civique non active.

Anvers est une grande place forte. On construit actuellement des forts sur la Meuse (à Liège et à Namur).

La Belgique est un pays *neutre*.

Géographie économique. — La Belgique est un des pays les plus remarquables par la densité de la population et par le développement de l'agriculture, de l'industrie et du commerce.

Sauf dans les régions accidentées par le plateau infertile des Ardennes, l'agriculture est très perfectionnée (les *Flandres*), et les productions en sont fort variées : céréales, prairies des polders (le long de la côte); plantes industrielles (lin, dans la vallée de la Lys; colza, betterave, houblon, tabac); plantes maraîchères et horticulture; bétail (bœufs, chevaux).

La Belgique possède de très importants gisements de houille (Mons, Charleroi, Liège). Fer du Luxembourg. *Zinc*, sur les confins de la province de Liège et de la Prusse rhénane (mines de la Vieille-Montagne). — Eaux thermales de Spa (au sud de Verviers).

De grandes industries se sont établies dans la région houillère. *Hauts fourneaux :* Charleroi. *Machines :* Seraing (sur la Meuse, un peu au-dessus de Liège), Liège. *Armes :* Liège. *Verreries :* Charleroi.

La fabrication des *draps* et des lainages a son centre dans la Belgique orientale *(Verviers);* la filature et le tissage du *coton* et du *lin* ont leur centre dans la Belgique occidentale *(Gand).* Les *dentelles* se fabriquent surtout dans les Flandres (Courtrai).

Le commerce extérieur annuel, y compris le commerce de transit qui dépasse un milliard de francs, est d'environ 5 milliards de francs. La Belgique importe des objets d'alimentation et des matières premières; elle exporte de la houille, des minerais et des objets fabriqués (fils et tissus, machines, métaux, verreries).

Le système des monnaies, des poids et des mesures est le même qu'en France.

Anvers fait presque tout le commerce maritime de la Belgique; il dispute à Marseille et à Hambourg le premier rang parmi les ports du continent européen. Mais la Belgique n'a presque pas de marine : la plupart des navires qui entrent dans le port d'Anvers sont des navires étrangers et surtout anglais.

Les voies navigables sont très fréquentées. La Meuse et la Sambre, l'Escaut et la Lys sont navigables en Belgique dans tout leur cours. — *Canaux :* de Charleroi à Bruxelles et de Bruxelles au Rupel; de Mons à Condé; de Gand à Ostende par Bruges; de Gand à Terneuze (embouchure de l'Escaut).

Le roi des Belges est, depuis 1885, souverain de l'État indépendant du Congo. Mais le Congo n'est pas une colonie de la Belgique.

Chemins de fer. — (4,500 kilomètres.) — Bruxelles à Paris par Mons et Maubeuge; à Ostende par Gand et Bruges; à Amsterdam par Malines. Anvers; à Liège par Louvain; à Luxembourg par Namur. À Jou...

Gand est aussi un centre important de voies ferrées.

Paris-Maubeuge à Aix-la-Chapelle (section de la ligne de Paris à Berlin) par les vallées de la Sambre, de la Meuse et de la Vesdre (Charleroi, Namur, Liége, Verviers).

Histoire. — Au commencement des temps modernes, la Belgique faisait partie des domaines de la maison de Bourgogne. Par le mariage (1477) de Marie de Bourgogne avec Maximilien d'Autriche, elle passa à la maison de Habsbourg et appartint, depuis Charles-Quint, à la branche aînée ou espagnole de cette maison. Elle formait avec la Hollande, sous le nom commun de Pays-Bas, une des dépendances de la monarchie espagnole.

Tandis que les provinces du nord (Hollande) se rendaient indépendantes, les provinces du sud (Belgique) demeuraient soumises à l'Espagne jusqu'à la fin du XVIIe siècle. A l'extinction (1700) de la branche espagnole de la maison de Habsbourg et après la guerre de la succession d'Espagne, la Belgique (paix de Rastadt, 1714) fut donnée à l'Autriche.

Réunie à la France sous la Révolution, la Belgique fut jointe à la Hollande par les traités de 1815 et forma avec elle le royaume des Pays-Bas, sous la souveraineté de la maison d'Orange. Les Belges se sont soulevés contre les Hollandais en 1830; ils forment depuis un royaume indépendant dont les grandes puissances européennes ont stipulé la neutralité.

HOLLANDE

Bornes. — Mer du Nord. Prusse. Belgique.

Côtes. — Golfe du Dollart, Zuiderzee. — Deux groupes d'îles : 1° du Dollart au Zuiderzee, six îles parallèles à la côte (île du *Texel*); 2° îles des bouches de la Meuse et de l'Escaut (île de *Walcheren*). — Ports : Le Helder, port de guerre; Amsterdam; **Rotterdam** (sur la Meuse); *Flessingue* (à l'embouchure de l'Escaut).

Relief. — Les Pays-Bas (vulgairement Hollande) sont formés en grande partie par les alluvions du Rhin, de la Meuse et de l'Escaut. Le sol est une *plaine basse;* les îles, les côtes et la partie occidentale des Pays-Bas sont au-dessous du niveau des hautes mers. Les côtes, baignées directement par la mer du Nord, sont protégées par des *dunes ;* les golfes et les cours d'eau sont bordés de *digues;* dans les régions les plus basses, les routes sont établies sur les digues.

Cours d'eau. — 1º Le cours inférieur du Rhin. Le Rhin, presque aussitôt après son entrée en Hollande, se divise en deux bras à peu près parallèles. Le bras méridional ou **Waal** est le bras principal; il emporte les deux tiers des eaux; il passe à Nimègue, puis se joint à la Meuse. Le bras septentrional continue d'abord à porter le nom de Rhin, passe à Arnhem, s'appelle plus bas le *Lek,* et se joint à la Meuse.

Du bras septentrional se détachent divers bras secondaires, parmi lesquels : l'*Yssel,* qui laisse à droite Zwolle et finit dans le Zuiderzee; le Rhin courbé qui, à *Utrecht,* se divise en deux bras principaux : le Vecht, qui finit dans le Zuiderzee, et le Vieux Rhin, qui passe à Leyde et finit dans la mer du Nord. L'embouchure du Vieux Rhin est fermée par de puissantes écluses.

2º La basse Meuse depuis Maestricht. La Meuse *(Maas)* se joint au Waal; le cours d'eau ainsi formé continue à porter jusqu'à la mer le nom de Meuse. La Meuse a trois embouchures principales; la plus méridionale communique avec l'Escaut oriental; la plus septentrionale se joint au Lek et passe ensuite à Rotterdam.

3º Les bouches de l'Escaut. L'Escaut se partage en deux branches : l'Escaut oriental est ensablé et impraticable aux navires; l'Escaut occidental ou Hont passe à Flessingue.

Climat. — Très humide et presque constamment brumeux.

Géographie politique. — La Hollande (officiellement *Pays-Bas, Nederland*), capitale La Haye (Amsterdam est la capitale de droit, La Haye la capitale de fait), se divise en 11 provinces :

Brabant septentrional, chef-lieu Bois-le-Duc (en hollandais *'s Hertogenbosch).*

Gueldre, chef-lieu Arnhem.

Hollande méridionale, chef-lieu La Haye (*'s Gravenhage*).
Villes : Rotterdam, Leyde.

Hollande septentrionale, chef-lieu Haarlem. Ville : Amsterdam.

Zélande, chef-lieu Middelbourg.

Utrecht, chef-lieu Utrecht.

Frise, chef-lieu Leeuwarden.

Overyssel, chef-lieu Zwolle.

Groningue, chef-lieu Groningue.

Drenthe, chef-lieu Assen.

Limbourg, chef-lieu Maestricht (*Maastricht*).

Le *royaume des Pays-Bas* est une monarchie constitutionnelle, avec des États généraux composés de deux chambres, l'une élue par les états provinciaux parmi les citoyens les plus imposés, l'autre nommée directement par des électeurs censitaires.

Statistique. — *Superficie :* 33,000 kilomètres carrés.

Population : 4,390,000 habitants (133 habitants par kilomètre carré).

Villes de plus de 40,000 habitants : Amsterdam, 378,000 ; Rotterdam, 190,000 ; La Haye, 143,000 ; Utrecht, 79,000 ; Groningue, 51,000 ; Haarlem, 48,000 ; Arnhem, 47,000 ; Leyde, 45,000.

Langue : Le hollandais.

Religions. — La majorité de la population est protestante ; un tiers est catholique.

Armée. — Les forces militaires comprennent une armée permanente (30,000 hommes sur le pied de paix, 65,000 hommes sur le pied de guerre) et une armée territoriale (115,000 hommes). L'armée des Indes orientales forme une armée spéciale (30,000 hommes) recrutée exclusivement par des engagements volontaires et composée partie d'Européens, partie d'indigènes.

Système défensif. — Le système de défense repose sur l'emploi des inondations. Il a pour centre le camp retranché d'*Utrecht*. Il consiste en une ligne d'eaux, bordée d'une série d'ouvrages fortifiés en avant desquels le terrain peut être inondé. Cette ligne va, du nord au sud, depuis le Zuiderzee, en longeant le Vecht, jusqu'à la basse Meuse; elle protège contre une attaque venue de l'est la partie occidentale de la province d'Utrecht et les deux provinces de Hollande.

Du côté de la mer, des ouvrages fortifiés sont établis aux bouches de la Meuse et à la pointe du Helder.

Flotte. — Environ 140 navires, dont 24 navires blindés, et 8.000 hommes d'équipage. — *Le Helder* est le port de guerre.

Géographie économique. — La Hollande est un pays *agricole et commerçant* plutôt qu'un pays industriel.

La moitié occidentale et le littoral septentrional de la Hollande sont des régions très fertiles, composées en grande partie de polders (terrains endigués et conquis sur les eaux, soit par l'assèchement des marais, soit par des endiguements en mer). La partie orientale de la Hollande est couverte de marécages et de tourbières.

Les prairies sont la principale ressource agricole : bétail (vaches laitières), beurre, *fromage*. — La Hollande excelle dans le jardinage et la culture des *fleurs* (tulipes de Haarlem). — Pêche du *hareng* dans la mer du Nord.

La Hollande possède quelques industries spéciales : taille des diamants (Amsterdam); fabrication du *genièvre* (Schiedam, port à l'ouest de Rotterdam; Rotterdam) et du *curaçao* (Amsterdam).

Commerce extérieur annuel : 4 milliards de francs. Les deux principaux ports sont Rotterdam et *Amsterdam*.

Le florin, monnaie de compte, vaut 2 francs 10.

Le service des eaux (digues, écluses, canaux, machines d'épuisement) est l'objet de soins très attentifs. L'ancienne mer de Haarlem (au sud-ouest d'Amsterdam), l'ancien golfe de l'Y (au nord-ouest d'Amsterdam) ont été transformés en polders. On projette d'assécher de même la moitié méridionale du Zuiderzee.

Les canaux sont très nombreux. Les principaux canaux maritimes sont : le canal du Nord, d'Amsterdam au Helder, creusé pour permettre aux navires d'éviter les bas fonds du Zuiderzee; un nouveau canal (Canal d'Amsterdam à la mer du Nord), plus court (24 kilomètres) et plus profond (7 mètres 70) que le précédent, et qui conduit directement, de l'est à l'ouest, d'Amsterdam à la mer du Nord, à travers l'ancien golfe de l'Y, desséché depuis la construction du canal.

Chemins de fer. — (2.400 kilomètres.) Amsterdam à Bruxelles et de là à Paris par La Haye, Rotterdam, Anvers.

Utrecht à Rotterdam, à La Haye, à Amsterdam, à Zwolle; Utrecht à Wesel par Arnhem.

Histoire. — Au commencement des temps modernes, une partie des Pays-Bas hollandais appartenait à la maison de Bourgogne. Par le mariage (1477) de Marie de Bourgogne avec Maximilien d'Autriche, ils passèrent à la maison de Habsbourg, et, depuis le règne de Charles-Quint, qui les compléta par diverses acquisitions, jusqu'à celui de Philippe II, ils furent compris dans la monarchie espagnole.

Dans la seconde moitié du xvie siècle, les Hollandais se soulevèrent contre l'Espagne et formèrent la *République des sept provinces unies* dont la paix de Westphalie (1648) reconnut l'indépendance. Cette république eut le plus souvent pour chefs des stathouders de la maison de Nassau-Orange, qui obtint même, au xviiⁱᵉ siècle (1747), le stathoudérat à titre héréditaire.

Conquise par la France sous la Révolution, transformée en *république batave* (1795), puis en *royaume de Hollande* (1806) et enfin en départements français (1810), la Hollande a été érigée, par les traités de 1815, en *royaume des Pays-Bas*, sous la souveraineté de la maison de Nassau-Orange. La Belgique, que les traités de 1815 avaient jointe à ce royaume, s'en est séparée en 1830.

Colonies. — 1° *Indes orientales* (Malaisie) : Iles de la Sonde (Java, avec la ville de Batavia, Sumatra, Banca, etc.); partie de l'île de Bornéo; Célèbes; les Moluques; partie occidentale de la Nouvelle-Guinée.

2° *Indes occidentales :* Guyane hollandaise; Antilles hollandaises (Curaçao, etc.).

Population totale : 29 millions d'habitants environ, dont plus de 20 millions pour Java.

C'est dans la première moitié du xviie siècle (fondation de Batavia, 1618) que les Hollandais, soulevés contre l'Espagne, ont créé leur empire colonial. Ils se sont établis alors : dans les Indes orientales, aux dépens du Portugal, qui faisait à cette époque partie de la monarchie espagnole; dans les Antilles, aux dépens de l'Espagne. Ils ont obtenu la Guyane de l'Angleterre (traité de Breda, 1667), en échange d'une colonie fondée par eux à l'embouchure de l'Hudson (origine de New-York).

GRAND-DUCHÉ DE LUXEMBOURG

Bornes. — Belgique. Prusse rhénane. Lorraine annexée à l'empire allemand, France.

Géographie physique. — Le Luxembourg est accidenté par le plateau des Ardennes (300 à 500 mètres d'altitude). Il est arrosé par la *Sure* (affluent de gauche de la Moselle), grossie à droite de l'Alzette qui passe à Luxembourg.

Géographie politique. — Le grand-duché de Luxembourg, capitale Luxembourg (18,000 habitants), est un état constitutionnel. Le roi des Pays-Bas est en même temps grand-duc de Luxembourg; mais le Luxembourg a une constitution et une administration absolument distinctes.

Statistique. — *Superficie :* 2,587 kilomètres carrés. — *Population :* 213,000 habitants (82 habitants par kilomètre carré), presque tous de religion catholique et la plupart de langue allemande. Le français est la langue officielle.

Le Luxembourg est un pays *neutre*.

Géographie économique. — L'exploitation des minerais de fer est la principale richesse.

Le Luxembourg fait partie de l'union douanière allemande (*Zollverein*).

Histoire. — Depuis le commencement des temps modernes jusqu'en 1815, le Luxembourg a suivi les destinées de la Belgique. Comme elle, il appartint tour à tour à la Bourgogne, à l'Espagne, à l'Autriche, puis à la France. Aux traités de 1815, il fut érigé en *grand-duché* et adjoint au royaume des Pays-Bas par une union personnelle (le même souverain, de la maison de Nassau-Orange); en même temps, il était déclaré partie intégrante de la Confédération germanique, et la ville de Luxembourg était, comme forteresse fédérale de cette confédération, occupée par une garnison prussienne.

Après la révolution de Belgique (1830), la moitié occidentale du Luxembourg (province actuelle du Luxembourg belge) fut attribuée au nouveau royaume de Belgique; le reste demeura, à titre de grand-duché, sous la souveraineté de la maison de Nassau-Orange et continua à faire partie de la Confédération germanique. Après la dissolution de cette confédération, le Luxembourg a été déclaré neutre (1867) et la forteresse de Luxembourg a dû être démantelée.

ILES BRITANNIQUES

Bornes. — Mer du Nord. Manche. Atlantique. — Les Iles britanniques comprennent la Grande-Bretagne, l'Irlande, et les îles adjacentes.

Grande-Bretagne.

Côtes. — 1° *Mer du Nord*. Cap Duncansby. Golfes de Dornoch, de *Moray*, du Tay, du *Forth*. Cap Flamborough. Estuaire de l'*Humber*; golfe du *Wash*, sans profondeur et ensablé; estuaire de la *Tamise*.

Ports: Aberdeen: Dundee (sur le Tay); *Leith* (sur le Forth), qui sert de port à Édimbourg. Newcastle (sur la Tyne) et les ports de la Tyne: *Sunderland* (sur la Wear); Hartlepool; Middlesbrough (sur la Tees); Hull, *Grimsby* (sur l'Humber); Harwich (sur la Stour); **Londres** (sur la Tamise).

La côte de la mer du Nord est assez basse en Écosse, souvent très *basse*, sablonneuse et bordée de dunes en Angleterre.

2° *Pas-de-Calais et Manche*. Beachy-Head (cap Beachy); ile de Wight; presqu'ile de Cornouaille avec les caps *Lizard* et *Lands End;* iles *Scilly* (en français Sorlingues). Iles anglo-normandes (Jersey, Guernesey).

Ports: *Douvres;* Folkestone; Newhaven; Portsmouth, port de guerre; *Southampton; Plymouth*, port de guerre; Falmouth. — Brighton, au sud de Londres, est une grande ville de bains de mer.

La côte de la Manche est le plus souvent haute et formée de *falaises crayeuses* à l'est, de *rochers granitiques* à l'ouest.

3° *Atlantique*. Canal de Bristol, baie de Cardigan. Mer d'Irlande, avec le *canal de Saint-Georges* et le *canal du Nord*. le golfe de *Solway*, les iles d'*Anglesey* et de *Man*. Golfe de la *Clyde*. Cap Wrath.

Ports: Bristol (sur l'Avon); *Newport*. Cardif (sur la Severn); *Swansea*. **Liverpool** (sur la Mersey); Glasgow, Greenock (sur la Clyde).

La côte est haute, rocheuse, découpée, surtout en Écosse, où elle est bordée d'un grand nombre d'iles et d'écueils (¹) et forme beaucoup de golfes étroits et profonds ou *firths*.

Iles Hébrides; iles Orcades ou Orkney; iles Shetland.

Relief. — La Grande-Bretagne est accidentée au nord et à l'ouest (Écosse, pays de Galles, Angleterre du nord et du sud-ouest).

Écosse. — La plus grande partie du sol de l'Écosse est montagneuse. Les montagnes de l'Écosse, formées de schiste et de granit. sont *les plus hautes* des Iles britanniques; elles sont dirigées du sud-ouest au nord-est et se divisent en trois grands massifs *parallèles*, séparés par de profondes dépressions:

1° Au nord de la dépression du canal calédonien, **Hautes terres de l'Écosse septentrionale** *(Northern Highlands)*. avec des sommets de plus de 1.100 mètres.

(¹) Ilot basaltique de Staffa (à l'ouest de l'ile de Mull), avec la grotte de Fingal.

2° Entre la dépression du canal calédonien et la dépression qui va du golfe de la Clyde au golfe du Forth, monts **Grampians**, avec le **Ben Nevis** (1,340 mètres), le plus haut sommet des Iles britanniques.

3° Entre l'Écosse et l'Angleterre, collines des **Cheviots** (les points culminants dépassent 700 mètres).

Pays de Galles. — Les **montagnes du pays de Galles** (sommet du *Snowdon*, 1094 mètres), sont, après les montagnes d'Écosse, les plus élevées de la Grande-Bretagne. Elles sont bordées, au sud, de dépôts houillers.

Angleterre. — L'Angleterre est le plus souvent un pays de plaines. Elle renferme toutefois des régions très accidentées :

1° Au nord, **chaîne pennine,** composée de calcaire carbonifère et qui forme le partage des eaux entre la mer du Nord et la mer d'Irlande; au nord-ouest de la chaîne pennine, **montagnes cumbriennes.** Les points culminants dépassent 900 mètres.

2° Au sud-ouest, **hauteurs de Cornouaille,** granitiques et schisteuses, et qui atteignent jusqu'au delà de 600 mètres.

Cours d'eau. — *Versant de la mer du Nord.* Le Tay passe à Dundee.

Le *Forth* passe à *Leith*.

La Tweed sépare l'Écosse de l'Angleterre.

La *Tyne* passe à Newcastle.

La Wear finit à Sunderland.

La Tees passe à *Middlesbrough*.

L'Humber passe à Hull, Grimsby. — Les cours d'eau dont la réunion forme l'Humber sont : 1° l'*Ouse*, qui passe à *York* et reçoit à droite l'Aire qui passe à Leeds et le Don qui passe à Sheffield; 2° le *Trent* qui passe à Stoke et à Nottingham.

La Tamise (*Thames*) passe à Oxford, Windsor, **Londres.** Elle reçoit à droite, dans son estuaire, la Medway, qui passe à Chatham.

Versant de l'Atlantique et de la mer d'Irlande. La

Severn a sur son estuaire, à droite. Newport et *Cardiff*. Elle reçoit à gauche, dans son estuaire, l'Avon qui passe à Bristol.

La *Mersey* passe à Liverpool.

La *Clyde* passe à Glasgow, *Greenock*. Elle reçoit à droite les eaux du lac Lomond.

Les cours d'eau de la Grande-Bretagne, malgré leur faible longueur, se prêtent à la navigation. Ils ont un régime régulier, un débit abondant et constant; dans leur cours inférieur, ils sont grossis par la marée, puissante sur les côtes des Iles britanniques. Ils ont été, de plus, appropriés aux besoins du commerce par d'importants travaux; c'est ainsi que la Tyne, la Clyde ont été approfondies et rendues accessibles aux plus grands navires.

Lacs. — Très nombreux dans les montagnes de l'Écosse (lac *Lomond*) et du nord-ouest de l'Angleterre (lacs du *Cumberland*).

Irlande.

Côtes. — Le littoral est très *découpé* à l'ouest et au sud-ouest. Baies de Donegal. de *Galway*, baie Dingle, baie de Bantry. — Ports : Belfast : Dublin (sur la Liffey); Cork et Queenstown, son avant-port.

Relief. — L'intérieur de l'Irlande est une *plaine basse*. marécageuse, remplie de *tourbe*. Les montagnes, couvertes aussi de tourbe. forment des *massifs isolés* de granit et de schiste aux diverses extrémités de l'Irlande, surtout au sud-ouest (un sommet y dépasse 1,000 mètres).

Cours d'eau et lacs. — *Versant de l'Atlantique.* Le Shannon traverse une série de lacs et passe à Limerick.

Versant de la mer d'Irlande. La Liffey finit à Dublin; la Boyne.

Lacs très nombreux (lac Neagh).

Climat. — Le climat des îles britanniques est par excellence un climat marin; grâce au Gulf-stream, il est doux et égal. Les pluies sont très abondantes dans les Iles britanniques, surtout à l'ouest, et le ciel est très *brumeux*. Le climat de l'Irlande est particulièrement humide.

Géographie politique. — Les Iles britanniques, capitale Londres, se divisent administrativement en 117 comtés ou *shires* (40 pour l'Angleterre, 12 pour le pays de Galles, 33 pour l'Écosse, 32 pour l'Irlande).

On distingue en Écosse les hautes terres *(Highlands)*, qui sont la région des montagnes, et les basses terres *(Lowlands)* où se trouvent les principales villes (Glasgow, Édimbourg). On partage usuellement l'Irlande en quatre grandes régions : au nord, l'*Ulster* (Belfast); à l'est, le *Leinster* (Dublin); au sud-ouest, le *Munster* (Cork, Limerick); à l'ouest, le *Connaught* (Galway).

Le *Royaume-uni de Grande-Bretagne et d'Irlande* est une monarchie constitutionnelle. Le gouvernement est par excellence un gouvernement parlementaire : les ministres appartiennent à l'une ou à l'autre des deux chambres du Parlement, et le conseil des ministres exerce, sous le nom du souverain, le pouvoir exécutif. Le Parlement comprend : la *Chambre des lords*, dont les membres siègent en vertu soit de l'hérédité, soit de leur nomination par le souverain, soit de leurs hautes fonctions ecclésiastiques (archevêques et évêques anglicans), soit de leur élection par la noblesse d'Écosse et d'Irlande; la *Chambre des communes*, dont les membres sont nommés directement par les électeurs censitaires des comtés et des bourgs.

Statistique. — *Superficie :* 314,000 kilomètres carrés.

Population (en 1887) : plus de 37 millions d'habitants (119 habitants par kilomètre carré), dont environ 28 millions pour l'Angleterre et le pays de Galles, 4 millions pour l'Écosse, 4.800,000 pour l'Irlande. La population augmente rapidement dans la Grande-Bretagne et se concentre de plus en plus dans les villes: elle diminue en Irlande. — Plus de 200,000 personnes de nationalité britannique émigrent tous les ans hors d'Europe et **vont** se fixer aux États-Unis, dans l'Australie et la Nouvelle-Zélande, et dans les possessions anglaises de l'Amérique du nord.

Villes de plus de 100,000 habitants : Londres *(London)*, plus de 4 millions d'habitants (¹).

Glasgow (avec les faubourgs), environ 700,000 habitants; Liverpool, Manchester (avec Salford), plus de 500,000.

Birmingham, plus de 400,000.

Dublin (district métropolitain), Leeds, Sheffield, plus de 300,000.

Édimbourg *(Edinburgh)*, Newcastle (avec Gateshead), Belfast, Bristol, Bradford, Nottingham, plus de 200,000.

Hull, Stoke-sur-Trent, Dundee, Leicester, Portsmouth, Plymouth (avec Devonport), Oldham, Sunderland, Brighton, Blackburn, Bolton, Aberdeen, Preston, plus de 100,000 habitants.

Races. — La plus grande partie des habitants des Iles britanniques appartient à la race anglo-saxonne, mélangée d'éléments celtiques. La langue anglaise est parlée par la très grande majorité des habitants. Quelques *dialectes celtiques* se maintiennent encore dans le pays de Galles (le kymry), dans l'Irlande occidentale (l'erse), dans la haute Écosse (le gaélique). — La langue anglaise est, de toutes les langues européennes, celle qui est la plus répandue hors d'Europe (Amérique anglaise, États-Unis; Australie, Tasmanie, Nouvelle-Zélande; Le Cap, Natal).

Religions. — La population est en très grande majorité *protestante* dans la Grande-Bretagne (église anglicane, dans l'Angleterre et le pays de Galles; église épiscopale d'Écosse; nombreuses églises dissidentes). Les catholiques forment à peine le sixième de la population totale des Iles britanniques, mais ils composent les quatre cinquièmes de la population de l'Irlande.

(¹) Population du district métropolitain; dans les limites du district de police. L'agglomération de Londres et de ses abords est d'environ cinq millions d'habitants.

Instruction publique. — Les deux universités principales sont celles d'Oxford et de Cambridge.

Finances. — Le budget est d'environ 2 milliards 200 millions de francs. Le capital de la dette publique est d'environ 18 milliards de francs.

Armée. — Les Iles britanniques sont, de toutes les grande puissances, celle dont l'armée permanente est la moins nombreuse. Les forces militaires comprennent: 1° l'armée active, recrutée uniquement par des *engagements volontaires*, et la réserve de l'armée active; 2° des troupes (milice et volontaires) organisées pour la défense intérieure du royaume et dont les cadres seuls existent en temps de paix. Effectif: 220,000 hommes pour l'armée active, dont 70,000 aux Indes; 57,000 pour la réserve de l'armée active; 400,000 pour la milice et les volontaires. — L'Inde a de plus une armée indigène de 127,000 hommes. La plupart des colonies ont une milice et des corps de volontaires.

Flotte. — Les Iles britanniques sont, de toutes les puissances, celle dont la flotte de guerre est la plus considérable. La flotte de guerre compte environ 87,000 hommes et 450 navires, dont 61 navires cuirassés, et de plus 150 bateaux-torpilleurs.

Les côtes sont défendues par la flotte et, dans la partie méridionale, par des ouvrages fortifiés (estuaires de la Tamise et de la Medway, *Portsmouth,* Plymouth, baie de Cork).

Arsenaux pour la construction et la réparation des navires de guerre: Chatham, Portsmouth, Plymouth, Pembroke (dans la rade de Milford, à la pointe sud-ouest du pays de Galles), Cork.

Géographie économique. — Les Iles britanniques tiennent le premier rang dans le monde pour la navigation (marine militaire et marchande), la production industrielle, la valeur des échanges, l'abondance des capitaux, le domaine colonial. Bien différente toutefois de la Grande-Bretagne, et séparée d'elle par la religion et la race, l'Irlande est un pays pauvre dont une grande partie du sol appartient à des propriétaires anglais qui le font cultiver par des fermiers irlandais.

La partie sud-est de l'Angleterre est la principale région agricole. Le centre de l'Angleterre (Lancashire, Yorkshire) et le sud de l'Écosse (Glasgow) sont les principales régions manufacturières. L'industrie minière et l'industrie métallurgique sont exercées dans le nord et le centre de l'Angleterre, dans le pays de Galles, dans le sud de l'Écosse. — La partie de l'Irlande qui fait face à l'Angleterre est celle où le commerce et l'industrie (Dublin, Belfast) sont le plus développés.

L'agriculture est très perfectionnée dans la Grande-Bretagne, mais la production du blé est insuffisante et beaucoup de céréales sont importées. Le climat, humide et tempéré, est très favorable aux pâturages; les terres aménagées en prairies sont plus nombreuses que les terres cultivées en céréales ou en plantes industrielles. L'élevage du bétail (moutons, bœufs, chevaux) est l'objet de soins attentifs et d'importantes améliorations. — L'Irlande produit beaucoup de pommes de terre et de lin et élève des porcs.

La *pêche* est très active dans la mer du Nord. *Grimsby* est le premier port de pêche.

La Grande-Bretagne est le pays le plus important du monde pour la production de la houille et du fer. — Production annuelle : houille, 160 millions de tonnes; minerai de fer, 15 millions de tonnes.

Les bassins houillers se trouvent : dans l'Angleterre du nord et du centre (bassins de la Tyne, du Cumberland, du comté d'*York*, du comté de *Lancastre*, du comté de Stafford); dans le *pays de Galles* (partie méridionale, le long du canal de Bristol); en Écosse (bassin de la Clyde). — Les principaux ports qui exportent la houille sont : Cardiff, Newcastle et les ports de la Tyne; Newport, Sunderland, Swansea.

L'Irlande renferme beaucoup de *tourbe*.

Les gisements de fer se trouvent généralement dans les

mêmes régions que les gisements de houille, et les couches
de fer et de houille sont juxtaposées; le fer se rencontre
notamment dans les environs de Middlesbrough, de Glasgow, dans les montagnes cumbriennes, le pays de Galles.

Plomb, surtout dans le Northumberland. *Étain* et cuivre,
dans la presqu'île de Cornouaille. Zinc (comté de Derby).
Ces minerais ne suffisent pas à la consommation des usines
et les Iles britanniques importent du minerai. — Le comté
de Chester renferme, au sud-est de Liverpool, d'importantes mines de *sel gemme.*

Les grands centres de l'industrie métallurgique sont :
pour toute espèce de métaux, Birmingham et les villes
voisines (Wolverhampton); pour le fer et la fonte, Middlesbrough, Newcastle, Glasgow, le Cumberland, Merthyr-Tydfil
(pays de Galles méridional); pour l'acier et la coutellerie,
Sheffield; pour le cuivre, Swansea.

La Grande-Bretagne est le premier pays du monde pour
la production des cotonnades; elle dispute à la France le
premier rang pour les tissus de laine. — Coton : Manchester et les villes du Lancashire (Oldham, Bolton, Preston).
Leicester (bonneterie). Nottingham (tulle). Laine : Leeds
et les villes voisines (Bradford, Halifax). Jute : *Dundee.*
Lin : *Belfast.*

Terres cuites du *district des poteries* (Stoke-sur-Trent).

Chantiers de constructions pour la marine marchande :
la Clyde, la *Tyne,* la Wear.

Le commerce extérieur annuel est d'environ 15 milliards de francs dont les trois cinquièmes à l'importation.
Les Iles britanniques importent des objets d'alimentation
(céréales, viande et bétail, thé, vin) et des matières premières (coton, laine, minerai). Elles exportent de la houille
et des objets fabriqués (fils et tissus, machines, métaux).

La livre sterling, comme monnaie de compte, vaut environ 25 francs.

Les ports sont très nombreux; la profondeur d'eau y est
considérable, grâce à la puissance de la marée. Londres et
Liverpool, avec leurs *docks* immenses, sont les plus grands
ports du monde. Les ports dont le tonnage est le plus

considérable sont ensuite Cardiff, Newcastle, Hull, Glasgow. — Liverpool et Southampton sont les principaux ports d'attache des paquebots transatlantiques.

Londres est la ville du monde la plus étendue et la plus peuplée, la plus grande place de commerce, le plus vaste marché de capitaux.

Canaux. — De nombreux canaux relient les bassins fluviaux : canal du Grand Tronc, du Trent à la Mersey. Canal de grande jonction, de Londres au canal du Grand Tronc; canaux de la Tamise à la Severn, à Bristol. Canal de Leeds à Liverpool. — Canal du Forth à la Clyde. Canal calédonien. — Canaux de Dublin au Shannon. — Les canaux anglais ne desservent qu'un assez faible trafic; les transports se font plutôt par chemins de fer.

En construction : canal maritime (8 mètres de profondeur) de Manchester à Liverpool, par la Mersey et l'Irwell (affluent de droite de la Mersey).

Chemins de fer (31.000 kilomètres). — Londres à l'extrémité nord-est de l'Écosse par Cambridge, York, Newcastle, Édimbourg, Dundee, Aberdeen.

Londres à Glasgow (ligne du nord-ouest) par Birmingham, Manchester, Preston, Lancastre.

Londres à Glasgow (ligne du centre) par Leicester, Sheffield, Leeds. Glasgow à Édimbourg. — Liverpool à Hull par Manchester, Leeds.

Londres à Douvres; à Folkestone; à Brighton; à Southampton; à Bristol.

Dublin à Belfast; à Cork; à Limerick.

Possessions et colonies. — *En Europe :* Helgoland (îlot au nord-ouest de l'embouchure de l'Elbe). Gibraltar; Malte, avec le port fortifié de La Valette.

En Asie : L'administration de l'île de Chypre, qui dépend nominalement de l'empire ottoman. Périm; Aden. *Inde;* Ceylan. Birmanie; établissements du détroit de Malacca, avec Singapore. Hong-Kong.

En Afrique : Gambie; Sierra-Leone; possessions du golfe de Guinée (Côte d'Or, Lagos, bas Niger). L'Ascension, Sainte-Hélène. *Le Cap* et dépendances; Natal. *Maurice* et dépendances (les Seychelles).

En Amérique : Puissance du *Canada;* Terre-Neuve. Bermudes. Iles Bahama. *Jamaïque.* Un grand nombre des petites Antilles (groupe des Iles sous le vent, avec Antigoa, la Dominique, etc.; la *Barbade;* groupe des Iles du vent, avec Sainte-Lucie. Saint-Vincent, la Grenade, Tabago; la Trinité). Honduras anglais. Guyane anglaise. Iles Falkland.

En Océanie : Ilot de Labouan et partie nord-ouest de Bornéo. *Australie;* Tasmanie. *Nouvelle-Zélande.* Iles Fidji. Partie sud-est de la Nouvelle-Guinée et iles adjacentes

Les colonies anglaises (possessions directes et protectorats) comprennent une superficie de 23 millions de kilomètres carrés et une population de 275 millions d'habitants, dont plus de 250 millions pour l'Inde (Bombay, Calcutta, avec les faubourgs, plus de 700,000 habitants; Madras, plus de 400,000), plus de 4 millions pour la Puissance du Canada (Montréal, 185,000 habitants), plus de 2,500,000 pour l'Australie (Melbourne, plus de 300,000 habitants; Sidney, plus de 200,000).

Les Anglais ont, dans toutes leurs colonies, un *gouverneur nommé par la couronne* et qui n'est responsable que devant la métropole. Mais ils ont accordé progressivement à beaucoup de leurs colonies une *autonomie* plus ou moins complète. Sous le rapport administratif, les colonies anglaises se divisent en trois catégories : 1° les colonies de la couronne, où la métropole exerce un plein contrôle sur la législation et l'administration (l'Inde et la plupart des colonies d'exploitation); 2° les colonies qui ont des institutions représentatives, mais sans gouvernement responsable, la métropole ayant le droit de veto sur la législation et le contrôle de l'administration; 3° les colonies qui ont des institutions représentatives et un gouvernement responsable (deux chambres et un ministère), la métropole ayant le droit de veto sur la législation et ne conservant de contrôle que sur le gouverneur. A cette dernière catégorie appartiennent les grandes colonies de peuplement (Puissance du Canada, colonies australiennes, Tasmanie, Nouvelle-Zélande, Cap); elles s'administrent et *se gardent* elles-mêmes.

Les colonies anglaises n'envoient pas de députés au Parlement de la métropole.

Histoire. — Conquise au moyen âge (bataille d'Hastings, 1066) par une dynastie normande, l'Angleterre a conservé les iles anglanormandes, qui faisaient partie primitivement du duché de Normandie. Les rois d'Angleterre commencèrent, dans la seconde moitié du XIIe siècle, la conquête de l'Irlande; ils firent, dans la seconde moitié du XIIIe siècle, la conquête du pays de Galles. L'avènement des Stuarts (1603) donna les mêmes souverains à l'Angleterre et à l'Écosse. L'union politique (un même parlement) de l'Angleterre et de l'Écosse a été établie en 1707; celle de l'Angleterre et de l'Irlande l'a été en 1800.

L'histoire territoriale de l'Angleterre dans les temps modernes est celle de son développement colonial.

A dater de la seconde moitié du XVIe siècle, sous le règne d'Élisabeth, les Anglais entraient en concurrence, sur divers points du globe, avec les Espagnols, les Hollandais et les Français. Ils prenaient pied sur la côte orientale de l'Amérique du nord (création de la colonie de Virginie, 1584) et fondaient (1599) la Compagnie des Indes orientales.

Dans le courant du XVIIe siècle, les Anglais commençaient leurs établissements dans l'Inde (cession de Bombay par le Portugal, 1662; fondation de Calcutta, 1698). En Afrique, ils s'installaient en Gambie (1618), sur la Côte d'Or (1667), à Sainte-Hélène (1673). En Amérique, ils occupaient les Bermudes (1611), les îles Bahama (1629), le Honduras, diverses Antilles (la Barbade, 1625; Antigoa, 1632; etc.). Leurs acquisitions les plus importantes au XVIIe siècle sont celles de la Jamaïque, enlevée (1655) à l'Espagne, et des colonies de la côte orientale de l'Amérique du nord, issues de l'esprit d'initiative et de liberté.

Au XVIIIe siècle, les Anglais profitaient des grandes guerres du continent européen pour développer sur mer leur empire naissant. A la suite de la guerre de la succession d'Espagne, à la paix d'Utrecht (1713), ils se faisaient céder par l'Espagne Gibraltar, dont ils s'étaient emparés en 1704, et par la France divers territoires du nord de l'Amérique (Terre-Neuve, Acadie, baie d'Hudson) disputés, au siècle précédent entre les Français et les Anglais. A la suite de la guerre de Sept ans, à la paix de Paris (1763), ils enlevaient à la France le Canada, plusieurs Antilles (la Dominique, la Grenade, Saint-Vincent, Tabago) et obligeaient la France à restreindre ses possessions dans l'Inde au territoire de quelques villes. Depuis la guerre de Sept ans, les Anglais, prenant en Asie la place que les Français laissaient vacante, se rendaient maîtres, aux Indes, de vastes territoires (soumission du Bengale, 1765; du Mysore, à la mort de Tippou-Saïb, 1799). — Ils faisaient encore quelques acquisitions de moindre importance (en Afrique, Sierra-Leone, 1787; en Amérique, les îles Falkland, qu'ils occupaient une première fois en 1767 et dont ils ont pris de nouveau possession en 1833). En 1788, ils commençaient, par la fondation d'une colonie pénitentiaire à Botany-bay, leurs établissements d'Australie qui devaient prendre, au XIXe siècle, de puissants développements. Mais ils perdaient, dans la seconde moitié du XVIIIe siècle, leurs treize colonies de la côte orientale de l'Amérique du nord (déclaration de l'indépendance des États-Unis, 1776; paix de Versailles, 1783).

Pendant les guerres de la Révolution et de l'Empire, les Anglais étendirent encore leurs domaines coloniaux. La paix d'Amiens (1802) leur laissa l'île de Ceylan, enlevée à la Hollande, l'île de la Trinité, enlevée à l'Espagne. Les traités de 1815 leur laissèrent Helgoland, enlevée au Danemark (1807); la Guyane, le Cap, enlevés à la Hollande; Malte (dont les Français s'étaient emparés sur les chevaliers de Malte), Maurice, les Seychelles, Sainte-Lucie enlevées à la France.

Au XIXᵉ siècle, les Anglais ont achevé d'étendre jusqu'aux diverses frontières de l'Inde leur domination directe ou leur protectorat (soumission définitive des Mahrattes, 1818; annexion du cours inférieur de l'Indus, 1843; du Pendjab, 1849; du royaume d'Oude, 1856). Dans le nord-ouest de l'Indo-Chine, ils se sont agrandis progressivement aux dépens de l'état birman (annexion de l'Assam, 1824; du Pégou, 1852; de tout le royaume birman, 1886). Dans le sud-ouest de l'Indo-Chine, ils ont de même développé peu à peu leurs territoires (acquisition de l'île du Prince de Galles, 1785; de la province de Wellesley, 1798; de Singapore, 1819; de Malacca, 1824; protectorat de Pérak, 1875); ils exercent aujourd'hui une influence prédominante dans la presqu'île de Malacca.

Dans la mer de Chine, ils se sont fait céder Hong-Kong par la Chine en 1841; ils ont occupé Labouan (1848) et, plus récemment (1878), le nord-ouest de Bornéo. Sur la route des Indes, ils ont pris possession d'Aden (1838), de Périm (1857); ils ont obtenu, en 1878, de l'empire ottoman l'administration de l'île de Chypre.

En Afrique, ils ont occupé en 1815 l'île de l'Ascension. Ils ont accru par de nombreuses acquisitions leurs anciens établissements du golfe de Guinée: à leurs possessions de la Côte-d'Or, ils ont ajouté divers territoires cédés par le Danemark (1850) et la Hollande (1871); ils ont occupé Lagos (1861) et placé le bas Niger (1884) sous leur protectorat. Dans l'Afrique australe, ils se sont emparés, aux dépens des Boers, du territoire de Natal (1840); ils ont annexé de proche en proche divers pays à la colonie du Cap (le pays des Basoutos, 1868; le Griqualand, 1871; la Cafrerie indépendante, 1876); en 1887, ils ont établi officiellement leur domination sur le pays des Zoulous. En ce moment, ils commencent à partager avec les Allemands les territoires compris entre la côte de Zanguebar et les grands lacs.

En Océanie, ils ont peuplé l'Australie et établi leur domination sur la plus grande partie des territoires (Australasie) groupés autour du continent australien : ils ont occupé la Tasmanie (1803), la Nouvelle-Zélande (1840), les îles Fidji (1874); en 1884, ils ont pris possession de la partie sud-est de la Nouvelle-Guinée.

DANEMARK

Bornes. — Mer du Nord. Skager Rak. Kattegat, Sund. Mer Baltique, Prusse. — Le royaume de Danemark comprend le Jutland septentrional et l'archipel danois.

Jutland (en danois *Jylland*). — Le sol est *bas et sablonneux*, couvert en partie de landes, et continue la plaine de l'Allemagne du nord. Le Jutland est terminé au nord par la pointe de *Skagen*. Le littoral occidental est plat, ensablé, inhospitalier, bordé de dunes en arrière desquelles se trouvent de nombreux étangs peu profonds (le *Liim fjord*, qui isole entièrement l'extrémité septentrionale du Jutland). Le littoral oriental est plus accidenté et plus découpé. — Villes : Aarhuus, port sur la côte orientale; Aalborg, sur le Liim fjord.

Archipel danois. — C'est la partie du Danemark la plus accidentée (simples collines), la plus fertile et la plus peuplée. — Détroits : Sund, entre la Suède et l'île de Seeland; *Grand Belt*, entre l'île de Seeland et l'île de Fionie; *Petit Belt*, entre l'île de Fionie et le Jutland. Les deux Belt, embarrassés de bancs de sable, et de temps en temps obstrués par les glaces, sont d'une navigation difficile : le Sund est la principale entrée de la Baltique. — Iles : Seeland, avec les ports de Copenhague et d'Elseneur; *Fionie*, avec la ville d'Odense; Laaland; Bornholm, île granitique.

Climat. — Marin et relativement assez doux.

Géographie politique. — Le royaume de Danemark, capitale Copenhague, est une monarchie constitutionnelle (deux chambres, dont l'une est élue directement par le suffrage universel, et dont l'autre est élue par

le suffrage à deux degrés, avec adjonction d'électeurs censitaires).

Statistique. — *Superficie :* 38,000 kilomètres carrés.

Population : 2 millions d'habitants (51 habitants par
kilomètre carré). — Principales villes : Copenhague *(Kjœ-
benhavn)*, 290,000 habitants avec les faubourgs ; Aarhuus,
24,000 ; Odense, 20,000 ; Aalborg, 14,000.

Langue. — La langue danoise se rattache au groupe
des langues scandinaves.

Religion. — La plupart des habitants sont *luthériens*.

Instruction. — Très répandue.

Armée. — Le service militaire est obligatoire. L'armée,
sur le pied de guerre, est d'environ 60,000 hommes.

Flotte. — Une quarantaine de vapeurs, dont 8 navires
cuirassés. — Copenhague est le port de guerre.

Géographie économique. — Les produc-
tions sont avant tout des productions *agricoles* (bétail du
Jutland, céréales des îles). *Copenhague* est la principale
ville de commerce et d'industrie et un des grands ports
européens.

Commerce extérieur annuel : 600 millions de francs. Le
Danemark exporte des denrées alimentaires (bétail, beurre,
farines) et importe des produits fabriqués.

La couronne, comme monnaie de compte, vaut 1 fr. 39.

Chemins de fer (1.900 kilomètres). — Une ligne va de
Hambourg à la côte nord-est du Jutland par Aarhuus, Aalborg.

Une ligne traverse Fionie de l'ouest à l'est, en passant par Odense.
Une ligne traverse Seeland de l'ouest à l'est et aboutit à Copenhague et
à Elseneur.

Dépendances. — 1° Archipel des **Færœer**, d'origine volcanique. Le climat est humide, assez doux et très
égal, mais l'été est sans chaleur. Population : 11,000 habitants, de race scandinave, et qui vivent de la *pêche* et de
l'élevage des *moutons*.

2° **Islande**, grande île très accidentée, tout entière de
formation volcanique, avec plusieurs volcans actifs (l'*Askja*,

l'*Hekla*) et des eaux chaudes jaillissantes (les *geysirs*). Les côtes, sauf au sud, sont découpées par des fjords. L'intérieur est un plateau désolé, couvert de lave, de cendres, de neige et de glace. Les glaces flottantes des mers polaires arrivent jusqu'à la côte septentrionale et orientale; le climat est rude et surtout fort inégal, bien que le froid ne soit pas excessif. L'Islande n'a presque *pas d'arbres*. Les côtes seules sont habitées.

Population : 72,000 habitants, de race scandinave et parlant l'islandais et le danois. Capitale *Reykjavik*, 3,000 habitants. — L'instruction est très répandue. — L'Islande a un gouvernement autonome.

La bête de somme est le *poney*, petit, vigoureux et sobre. Les fjords de l'Islande sont très poissonneux (pêche à la morue). Les Islandais pratiquent l'élevage du bétail et recueillent le duvet de l'*eider* (édredon).

3° Grœnland (la partie de la côte occidentale qui est libre de glaces); 10,000 habitants.

4° Antilles danoises (Sainte-Croix, *Saint-Thomas*, Saint-Jean); 33,000 habitants.

Histoire. — Les trois royaumes scandinaves, Danemark, Norvége et Suède, avaient été groupés sous un même souverain par l'union de Kalmar (1397). La Suède se sépara définitivement de l'union en 1523; mais la Norvége demeura jointe au Danemark jusqu'en 1814, époque où la coalition victorieuse donna la Norvége au roi de Suède. Le Danemark a conservé toutefois d'antiques dépendances de la Norvége, l'archipel des Færœer, l'Islande et le Grœnland.

Les Færœer et l'Islande avaient été peuplées par des Norvégiens dans la seconde moitié du IXe siècle; après une période d'indépendance, elles avaient été réunies au royaume de Norvége, les premières au commencement du XIe siècle, la seconde en 1262. Dès la seconde moitié du Xe siècle, les Islandais à leur tour avaient découvert le Grœnland avec lequel les Norvégiens ont entretenu des relations durant plusieurs centaines d'années, et où de nouveaux établissements ont été fondés au XVIIIe siècle.

Les traités de 1815 avaient accordé au Danemark, en échange de la Norvége, le petit duché de Lauenbourg et admis le roi de Danemark à faire partie de la Confédération germanique pour ses possessions de langue allemande du Lauenbourg et du Holstein. En 1864, la Prusse et l'Autriche ont enlevé au Danemark ces deux territoires et de plus le Schleswig.

PÉNINSULE SCANDINAVE

SUÈDE ET NORVÈGE

Bornes. — Océan glacial arctique. Atlantique, mer du Nord, Skager Rak, Kattegat, Sund. Baltique, Russie.

Côtes. — La côte de Suède est généralement haute et rocheuse; elle est toutefois basse et sablonneuse à l'extrémité méridionale de la Suède et le long de la partie nord-ouest du golfe de Botnie. Elle forme beaucoup de *petites baies* et est bordée le plus souvent d'une infinité d'*ilots* et d'écueils. La mer Baltique est peu profonde et le littoral de cette mer *gèle* en hiver. — Golfe de **Botnie**, divisé en deux parties par le détroit appelé Quarken, et relié à la Baltique par le détroit d'Aland. — Ile *Gotland*, île d'*OEland* avec le détroit de Kalmar. — Ports : Gefle; Stockholm; Norrkœping; Kalmar; *Carlskrona*, port de guerre ; *Malmœ;* Gœteborg.

La côte de Norvège est bordée de hautes *falaises* de granit, découpée par une infinité de fjords, golfes étroits, longs et profonds; elle est précédée d'une multitude d'*îles* de toute grandeur et d'écueils. La mer est profonde et la côte, réchauffée par les eaux tièdes des mers tropicales, demeure constamment *libre de glaces.* — Golfe de *Christiania,* cap *Lindesnæs;* Hardanger fjord, *Sogne fjord,* Varanger fjord (sur la frontière de Russie). — Iles Lofoten, avec le Vest fjord (Golfe occidental) entre ces iles et le continent; île Magerœ, avec le cap **Nord.** — Ports : Christiania; Drammen; Arendal; Christiansand; Stavanger; Bergen; *Throndjem;* Hammerfest.

Relief. — La Scandinavie est un plateau de *granit,* parsemé de lacs, et qui, à l'ouest, en Norvège, tombe à pic sur la mer, tandis qu'à l'est, en Suède, il s'abaisse en longue pente vers la Baltique. Les montagnes de la Scandinavie forment, non pas une chaîne à arête continue, mais une série de larges *plateaux*, couverts de neige et de glaciers, et par dessus lesquels s'élèvent des sommets isolés. L'altitude générale s'accroît du nord au sud, où elle atteint jusqu'au delà de 2,500 mètres : c'est également au sud, en Norvège, que les masses montagneuses ont le plus de largeur.

Les Alpes scandinaves comprennent : 1° Dans la Norvège septentrionale, le *plateau du Finmarken* ou de Laponie; 2° entre la Norvège et la Suède, le *Kjœlen;* 3° dans la Norvège méridionale, le *Dovre-fjeld,* le *Hardanger-fjeld.*

Cours d'eau et lacs. — La péninsule scandinave a des eaux abondantes. Les fleuves ou *elfs* servent d'écoulement à des lacs très nombreux et sont entrecoupés de chutes et de rapides.

Versant de l'Océan glacial. La Tana forme frontière entre la Norvège et la Russie.

Versant du Skager Rak et du Kattegat. Le *Glommen* est le plus grand fleuve de la Norvège. — La *Gœta* finit à *Gœteborg;* elle sort du lac Wenern dans lequel se jette la Klar.

Versant du golfe de Botnie. Les nombreux fleuves de ce versant ont un cours parallèle et dirigé au sud-est; parmi eux sont le *Dal,* l'Angerman, l'Umea, la Lulea, la Tornea qui forme frontière entre la Suède et la Russie.

Les lacs sont très nombreux dans la péninsule scandinave : c'est en Suède que se trouvent les lacs de l'Europe les plus grands après ceux de la Russie. — Lacs Wenern, Wettern, Mælaren, au débouché duquel est Stockholm.

Climat. — Grâce à l'influence du Gulf-Stream, les pluies sont abondantes dans la région occidentale et les côtes de la Norvège demeurent libres de glaces. Dans le reste de la péninsule scandinave, le climat est rigoureux et devient sensiblement plus froid de l'ouest à l'est et du sud au nord.

Géographie politique. — Le royaume de Suède, capitale Stockholm, et le royaume de Norvège, capitale Christiania, forment deux états distincts : réunis sous le même souverain, ils conservent chacun leur législation et leur gouvernement particuliers. En Suède, la Diète se compose de deux chambres, dont la première est nommée par les assemblées provinciales et par les conseils municipaux des villes comptant au moins 25,000 habitants, et dont la seconde est nommée par des électeurs censitaires. En Norvège, les deux chambres sont issues toutes deux d'une même élection à deux degrés faite par des électeurs censitaires; les députés nommés désignent le quart d'entre eux pour composer la première chambre.

La Suède se divise administrativement en 24 provinces que l'on classe habituellement sous les trois grandes divisions suivantes : Norrland, villes Gefle et les petites villes du littoral septentrional (Hernœsand, Umea, Pitea, etc.) : Suède propre, villes Stockholm, Upsal ; Gothie, région la plus fertile et la plus peuplée, villes Gœteborg, Malmœ, Norrkœping.

La Norvège se divise administrativement en 20 provinces. Villes : Christiania, Bergen, Throndjem, Christiansand.

Statistique. — *Superficie :* 450,000 kilomètres carrés pour la Suède, 325,000 pour la Norvège.

Population : 4.800,000 habitants (11 habitants par kilomètre carré) pour la Suède, 1,900.000 habitants (6 habitants par kilomètre carré) pour la Norvège.

La population est groupée : en Suède, dans la partie méridionale; en Norvège, sur les côtes et dans les îles. — L'émigration (environ 40,000 personnes par an) est considérable par rapport à la population totale.

Principales villes. — En Suède : Stockholm, 220,000 habitants ; Gœteborg (souvent désignée sous son nom allemand de *Gothembourg*), 92.000; Malmœ, 45,000: Norrkœping, 29,000: Gefle, 21,000; Upsal, 20,000. En Norvège : Christiania, 130,000; Bergen, 47,000: Throndjem (souvent désignée sous son nom allemand de *Drontheim*), 24,000; Stavanger, 24,000.

Races. — Presque tous les habitants appartiennent à la race *scandinave*, rameau de la famille germanique, et parlent en Suède le suédois, en Norvège le norvégien, langue à peu près semblable au danois, et le danois. Environ 20,000 *Lapons*, dont l'idiome se rattache au groupe des langues finnoises, habitent l'extrémité septentrionale de la péninsule scandinave; les Lapons des côtes vivent de la pêche; les Lapons de l'intérieur sont nomades et vivent de l'élevage des rennes.

Religion. — Presque tous les habitants sont *luthériens.* Le luthéranisme est, dans les deux royaumes, la religion d'état.

Instruction. — L'instruction est développée. *Upsal* est la principale université.

Armée. — En Suède, l'armée est encore recrutée en partie suivant un système qui date du xviie siècle et qui consiste à faire supporter les charges de la levée et de l'entretien des troupes aux propriétaires fonciers. L'armée permanente comprend : les *troupes enrôlées*, composées de volontaires; les *troupes cantonnées*, ou indelta, fournies par les propriétaires fonciers et réunies annuellement pendant un mois environ. Les *troupes de conscription* forment une espèce d'armée territoriale où tous les Suédois sont inscrits pendant 12 ans. Effectif total : troupes enrôlées et cantonnées, 40,000 hommes; troupes de conscription, 134,000 hommes.

En Norvège, le service militaire est obligatoire en principe (armée active, landwehr, landsturm). En fait, la durée du service dans l'armée active n'est que de trois mois et demi à cinq mois. — Effectif de l'armée active : 18,000 hommes.

Flotte de guerre : 68 navires pour la Suède, 50 pour la Norvège.

Géographie économique. — Sauf dans la Suède méridionale, une très faible partie du sol de la péninsule scandinave se prête au labourage; la culture diminue graduellement du sud au nord, à cause de la rigueur du climat. Les forêts (pins, sapins, bouleaux) sont la principale production végétale de la Scandinavie ; elles couvrent les deux cinquièmes du sol de la Suède et le cinquième du sol de la Norvège.

La pêche (*morue*, hareng) est très productive sur les côtes de Norvège. Les pêcheries les plus riches en morues sont aux îles Lofoten. Bergen est le principal marché de morues.

La péninsule scandinave renferme de nombreux minerais et surtout du fer. Le fer de Suède est renommé pour son excellente qualité (mines de Dannemora, au nord-est d'Upsal). Cuivre de Falun (vallée du Dal).

L'industrie dérivée du bois, favorisée par de nombreuses chutes d'eau qui fournissent la force motrice, est une des principales industries de la péninsule scandinave : *scieries* mécaniques, allumettes, *pâte de bois* pour la papeterie.

Commerce extérieur annuel : 700 millions de francs pour la Suède, 300 millions pour la Norvège. L'exportation des bois est le plus important objet du commerce de ces deux pays. Viennent ensuite, comme objets d'exportation : les *métaux bruts* pour la Suède, le *poisson* pour la Norvège.

La flotte commerciale de la Norvège est une des plus importantes du monde ; si l'on ne considère que les *navires à voiles*, la marine marchande de la Norvège occupe même le *second rang* en Europe, après celle des Iles britanniques.

Stockholm et Gœteborg pour la Suède, Christiania pour la Norvège sont les principales villes de commerce.

Le système des monnaies de la Suède et de la Norvège est le même que celui du Danemark. La couronne, comme monnaie de compte, vaut 1 franc 39.

Une série de canaux *(canaux de Gothie)* sont établis de la Baltique au Kattegat par les lacs Wettern et Wenern et la Gœta dont ils tournent les chutes.

Chemins de fer. (7,200 kilomètres pour la Suède, 1,500 kilomètres pour la Norvège.) — Stockholm à Malmœ par Norrkœping. Stockholm à Gœteborg (la ligne passe entre les lacs Wettern et Wenern). Stockholm à Christiania (la ligne passe par le nord du lac Wenern). Stockholm à Throndjem par Upsal.

Christiania à Gœteborg ; à Throndjem.

Histoire. — Jointe au Danemark et à la Norvège par l'union de Kalmar (1397), la Suède, sous Gustave Wasa, se sépara (1523) de ces deux pays. Maîtresse de la Finlande depuis le XII⁰ siècle, elle fit, au XVII⁰ siècle, de nombreuses acquisitions le long de la Baltique (Carélie et Ingrie, cédées par la Russie à la paix de Stolbova, 1617; Poméranie occidentale, avec Stettin et les bouches de l'Oder, acquise à la paix de Westphalie, 1648; Esthonie et Livonie, cédées par la Pologne à la paix d'Oliva, 1660). Avec Gustave-Adolphe, elle avait exercé un moment une influence prépondérante dans l'Europe centrale. Mais au XVIII⁰ siècle, après les revers de Charles XII, la Suède perdit presque toutes les conquêtes qu'elle avait faites, durant le siècle précédent, en dehors de la péninsule scandinave : elle abandonna à la Prusse (paix de Stockholm, 1720) les bouches de l'Oder et une partie de la Poméranie occidentale, et à la Russie (paix de Nystad, 1721) la Carélie, l'Ingrie, l'Esthonie et la Livonie. En 1809, elle a dû céder à la Russie la Finlande; mais, en 1814, en échange de quelques territoires de langue allemande (Poméranie suédoise, avec Stralsund et Rügen), cédés à la Prusse, les souverains de Suède ont obtenu tout le royaume de Norvège, enlevé au Danemark par la coalition.

RUSSIE

Bornes. — Océan glacial arctique. Norvège, Suède; mer Baltique; Prusse, Autriche-Hongrie, Roumanie. Mer Noire, Caucase. Mer Caspienne, fleuve Oural, monts Oural.

A l'est et au sud-est, les limites administratives de la Russie d'Europe se prolongent au delà des limites physiques habituellement indiquées : les gouvernements de Perm et d'Orenbourg s'étendent des deux côtés des monts Oural; la lieutenance du Caucase s'étend des deux côtés du Caucase et touche à la Turquie d'Asie et à la Perse. — Les limites physiques manquent d'ailleurs de certitude : au nord, des deux côtés des monts Oural, des marécages glacés ou toundras bordent l'Océan glacial; au sud, des deux côtés du fleuve Oural et jusqu'au delà des bouches du Volga, des steppes salées, plus basses que le niveau de la mer Noire, entourent la rive septentrionale de la Caspienne. — Au nord du Caucase, une longue dépression, occupée par la vallée du Manitch, qui déverse ses eaux

à la fois dans la mer Caspienne et dans la mer d'Azov,
marque, de ce côté, la véritable séparation entre l'Europe
et l'Asie.

Côtes. — 1° *Océan glacial arctique.* Mer de *Kara*
(à l'est de la Nouvelle-Zemble). Mer Blanche; presqu'île de
Kola. — *Nouvelle-Zemble;* île de Vaïgatch, séparée de la
Nouvelle-Zemble par le détroit de Kara et du continent
par le détroit de Yougor. Ile Kolgouyev. — Port : *Arkhangelsk* (sur la Dvina du nord).

L'influence du Gulf-Stream maintient libres de glaces
les côtes de l'Océan, à l'ouest de la mer Blanche. Mais
cette mer est prise par les glaces pendant huit mois de
l'année et, à l'est de la mer Blanche, l'Océan est le plus
souvent occupé par la banquise des mers polaires.

2° *Mer Baltique.* Golfes de Botnie, de Finlande, de Riga ou
de Livonie. — Archipel d'*Aland;* iles *Dagœ, Œsel.* —
Ports : Abo, Helsingfors, Viborg; Kronstadt, port de guerre
(à l'extrémité orientale de l'îlot de Kotlin), Saint-Petersbourg (sur la Neva); *Revel.* Riga (sur la Dvina occidentale).
Libau.

Les côtes de la Finlande sont découpées par de nombreuses petites baies et bordées d'une infinité d'*îlots.* La
côte méridionale du golfe de Finlande est plate à l'est,
formée de falaises à l'ouest. Au sud du golfe de Finlande,
la côte est plate, sablonneuse.

3° *Mer Noire.* Lagunes d'eau saumâtre ou *limans* des
embouchures du Dniestr et du Dniepr. Presqu'île de Crimée,
avec l'isthme de *Perekop;* détroit de Kertch ou d'Iénikalé. — Ports : Odessa; *Nikolayev,* port de guerre (sur le
Boug). Sebastopol; Kertch. Dans la Transcaucasie : Poti,
Batoum.

La côte est généralement élevée. Le sud-est de la Crimée
est bordé de hautes falaises. Le littoral de la Transcaucasie est en grande partie formé par les montagnes du
Caucase.

4° *Mer d'Azov.* La côte du sud et du sud-est est basse et
marécageuse (sur les côtes de la Crimée, *mer Putride*

avec la flèche d'Arabat). — Ports : Berdiansk, Marioupol, *Taganrog;* Rostov (sur le Don).

La mer d'Azov est très peu profonde (13 mètres de plus grande profondeur).

5° *Mer Caspienne.* Delta du Volga; cap *Apcheron.* — Ports : Astrakhan (sur le Volga); Derbent. Dans la Transcaucasie : *Bakou.*

La mer Caspienne (26 mètres au-dessous du niveau de la mer Noire) occupe le fond d'une vaste dépression, entourée, au nord, de steppes salées au-dessous du niveau de la mer Noire. Elle est très peu profonde dans sa partie septentrionale

Relief. — La Russie est une immense plaine, flanquée de deux chaînes de montagnes (Oural, Caucase) à ses extrémités. L'intérieur de la Russie n'est accidenté que par des plateaux de quelques centaines de mètres qui dominent les ravins, au fond desquels sont les cours d'eau; le plateau de Valdaï, source de la Dvina occidentale, du Dniepr, du Volga, n'a que 350 mètres d'altitude. — L'horizontalité des formations géologiques correspond à l'horizontalité du sol.

Oural. L'Oural, dans son ensemble, est *peu élevé;* quelques sommets dépassent 1,600 mètres. L'Oural ne forme pas une chaîne continue et présente de profondes dépressions; il est franchi aisément par le chemin de fer de Perm à Yekaterinbourg. Dans sa partie centrale, il renferme de nombreux gîtes métallifères, principalement sur le versant oriental. Dans sa partie méridionale, il s'élargit et se divise en trois branches.

Caucase. Le Caucase est une *chaîne continue,* épaisse et élevée; les plus hauts sommets, dont plusieurs dépassent 5,000 mètres, et les plus vastes glaciers se trouvent dans la partie centrale, du massif de l'Elbrous (5,647 mètres) au massif du *Kasbek* (5,043 mètres). Par le col de Darial (près et à l'est du Kasbek) passe la route (de Vladikavkas à Tiflis) qui relie la Russie à la Transcaucasie. — A l'extrémité orientale du Caucase, la presqu'île d'Apcheron, sur la mer Caspienne, renferme d'abondants gisements de naphte. Sur le versant septentrional et sur le versant méridional du Caucase sont de nombreuses eaux minérales.

Le sud-est de la Crimée est accidenté de montagnes calcaires (le plus haut sommet dépasse 1,600 mètres), qui se rattachent au système du Caucase.

Dans la Transcaucasie, au sud des vallées du Rion et de la Koura, l'Anti-Caucase se compose d'une série de massifs qui font partie du plateau d'Arménie et dont le point culminant est dans le massif volcanique de l'Ararat (5,157 mètres), sur les confins de la Russie, de la Turquie d'Asie et de la Perse.

Au nord-ouest de la Russie, la Finlande forme transition entre la plaine russe et la Scandinavie. Le sol de la Finlande est un *plateau de granit*, criblé de lacs. La région qui s'étend entre le golfe de Finlande et la mer Blanche a de semblables caractères.

Au sud-ouest de la Russie, un autre plateau de granit traverse, de l'ouest à l'est, la région des steppes; il est franchi par les cours inférieurs du Dniestr, du Boug et du Dniepr dont il détermine les rapides.

Cours d'eau. — *Versant de l'Océan glacial.* La *Petchora.* — La Dvina du nord, formée par la réunion de la Vitchegda et de la Soukhona, a dans son delta Arkhangelsk. — La Tana sépare la Russie de la Norvège.

Versant de la Baltique. La Tornea sépare la Russie de la Suède.

La Neva (58 kilomètres), déversoir du lac Ladoga, finit à Saint-Petersbourg. Elle égale, par son débit, les grands fleuves européens.

La Dvina occidentale ou Duna sort du plateau de Valdaï, passe à *Vitebsk, Dunabourg,* et finit au-dessous de Riga.

La plus grande partie du cours du Niemen. Le Niemen passe à Grodno, *Kovno* et finit en Prusse. Il reçoit à droite la Viliya, qui passe à *Vilna.*

Le cours moyen de la Vistule. La Vistule a son cours

7

supérieur dans la monarchie austro-hongroise. Elle passe, dans l'empire russe, à **Varsovie**, et finit en Prusse. Elle reçoit : à gauche, la Pilica; à droite, les eaux réunies du *Narew* et du Boug, qui passe à Brest Litovskiy.

Le cours supérieur de la **Warta**, affluent de droite de l'Oder. La Warta reçoit à gauche la Prosna, qui forme frontière avec la Prusse.

Versant de la mer Noire et de la mer d'Azov. L'embouchure septentrionale du Danube (bras de Kilia, sur lequel est Ismaïl) et le *Pruth*, dernier affluent de gauche du Danube, forment frontière avec la Roumanie.

Le **Dniestr** a son cours supérieur dans la monarchie austro-hongroise. Sur son liman, à droite, est Akkerman.

Le **Dniepr** sort du plateau de Valdaï, passe à Smolensk, Mohilev, Kiyev, Krementchoug, Yekaterinoslav, au-dessous de laquelle il forme une série de rapides, *Kherson*. — Le Dniepr reçoit à droite : la *Berezina,* qui passe à *Bobrouisk;* le Pripet, qui traverse les *marais de Pinsk;* le *Boug,* qui passe à *Nicolayev* et finit dans le liman du Dniepr. Le Dniepr reçoit à gauche la Desna, qui finit au-dessus de Kiyev.

Le **Don** passe à *Rostov.* Il reçoit à droite le *Donetz.*

Le **Kouban** sort de l'Elbrous.

Dans la Transcaucasie : le Rion finit à Poti.

Versant de la Caspienne. L'**Oural** sort des monts Oural et passe à Orenbourg.

Le **Volga** (3,800 kilomètres), le fleuve le plus long de l'Europe, mais dont le débit est inférieur à celui du Danube, sort du plateau de Valdaï, passe à Tver, Ribinsk, *Nijniy-Novgorod,* Kazan, Simbirsk, *Samara,* Saratov, Tzaritzin et finit par un vaste delta sur lequel est *Astrakhan.* — Le Volga reçoit : à gauche, la Kama, qui passe à Perm; à droite, l'Oka, qui passe à *Orel,* Kalouga, Riazan, et finit à Nijniy-Novgorod; l'Oka reçoit à gauche la Moskva, qui passe à Moscou.

Le **Terek** sort des glaciers du Kasbek et passe à Vladikavkas.

Dans la Transcaucasie : la *Koura* sort du plateau d'Arménie et passe à Tiflis; elle reçoit à droite, dans son cours inférieur, l'*Aras* qui forme frontière avec la Perse.

Lacs. — Ce sont les plus grands de l'Europe. Lac Ladoga, qui reçoit les eaux des lacs Onega, Saïma, Ilmen. Lac *Peipous*. Lac Enara (dans la Laponie russe). Lac de Sevan (dans la Transcaucasie).

Climat. — Le climat de la Russie, soumise à l'action des vents polaires, est continental et extrême; l'été est court et chaud, l'hiver est long et rigoureux. La mer Blanche gèle pendant 8 mois, les côtes de la Baltique pendant 4 ou 5 mois; les lacs, les cours d'eau sont pris par les glaces, durant une période qui varie de 6 mois, au nord, à 2 ou 3 mois au sud. Les pluies sont peu fréquentes, surtout au sud-est. — La Crimée méridionale, abritée par les montagnes, et la Transcaucasie ont le climat et les productions de l'Europe méridionale (vigne, olivier, mûrier).

Aspect général. — On peut diviser la plaine russe en deux grandes zones :

1° La zone des forêts, au nord et au centre.

2° La zone déboisée, au sud de la zone des forêts. Elle va en s'élargissant du sud-ouest (Kiyev) au nord-est (Kazan). Elle comprend elle-même deux régions superposées : au nord, la Terre noire ou *tchernoziom*, riche couche d'humus noirâtre, de 50 centimètres à un mètre et plus d'épaisseur, et qui produit beaucoup de céréales; au sud, la *steppe fertile,* qui est formée d'un sol analogue à la Terre noire, se couvre au printemps d'une puissante végétation herbacée et est, de plus en plus, envahie par l'agriculture.

Au nord et au sud de ces deux zones principales se trouvent des régions absolument déshéritées :

Au nord du 66° degré de latitude, le long de l'Océan glacial, les *toundras,* marécages glacés, où la végétation est le lichen et la bête de somme le *renne.* La chasse des animaux à fourrures et la pêche sont la seule industrie des populations nomades de ces régions.

Au sud de la steppe fertile, la *steppe infertile* composée de déserts de sable ou d'argile, recouverts d'efflorescences salines. Elle comprend : 1º la moitié septentrionale de la Crimée et la côte adjacente, entre l'isthme de Perekop et le Dniepr ; 2º la *dépression ouralo-caspienne*, ancien fond de mer qui renferme les cours inférieurs du Volga et de l'Oural et s'étend tout autour de la partie septentrionale de la Caspienne. Les hordes nomades de ces steppes vivent sous la tente et font paitre des troupeaux de moutons ; la bête de somme est le *chameau*.

Géographie politique. — La Russie, capitale Saint-Petersbourg, comprend administrativement, outre le grand-duché de Finlande et la lieutenance du Caucase, 60 gouvernements qui portent pour la plupart le nom de leur chef-lieu. On peut distinguer les grandes divisions suivantes :

1º *Grande-Russie* ou Moscovie, au centre et au nord (bassins supérieurs du Volga jusqu'au-dessous de Nijniy-Novgorod, du Dniepr, du Don ; versant de l'Océan glacial). Villes : *Moscou*, Orel, Nijniy-Novgorod, Toula, Voronej, Koursk, Kalouga, Smolensk ; Arkhangelsk.

2º *Russie orientale* (bassin moyen et inférieur du Volga). Villes : *Kazan*, Saratov, Samara, Astrakhan, Orenbourg, Perm.

3º Grand-duché de *Finlande*, capitale *Helsingfors* ; villes : Abo ; Viborg (en Carélie).

4º *Provinces baltiques*, savoir : *Ingrie*, avec Saint-Petersbourg, Kronstadt ; *Esthonie*, avec Revel ; *Livonie*, avec Riga ; *Courlande*, avec Mitau.

5º *Pologne* (bassins de la Vistule et de la Warta). Villes : *Varsovie*, Lodz, Lublin.

6º *Russie occidentale* (partie orientale de l'ancien royaume de Pologne, depuis le Niemen et le Boug, à l'ouest, jusqu'au delà de la Dvina occidentale et du Dniepr, à l'est). Elle comprend : la *Lithuanie*, avec *Vilna*, Kovno, Grodno ; la *Russie blanche* avec *Vitebsk*, Bobrouisk, Minsk, Mohilev.

7° *Petite Russie* ou Oukraine (bassin moyen du Dniepr). Villes : *Kiyev*, Kharkov, Berditchev, Poltava.

8° Russie méridionale ou *Nouvelle Russie* (cours inférieurs du Dniestr, du Dniepr, du Don; Crimée). Villes : *Odessa;* Kichinev (en Bessarabie); Rostov, Nikolayev, Taganrog, Kherson, Yekaterinoslav; en Crimée, Simferopol, Sebastopol.

9° *Lieutenance du Caucase,* capitale *Tiflis.* Villes : Vladikavkas; Bakou, Batoum.

L'empereur (tsar) *de toutes les Russies* est un souverain *autocrate et absolu.* Toutefois le grand-duché de Finlande forme, à côté de la Russie, un état constitutionnel, avec une administration spéciale et une diète composée des représentants des quatre ordres (noblesse, clergé, bourgeoisie, paysans) et qui doit se réunir tous les cinq ans.

Depuis 1861, le servage a été aboli en Russie et les paysans ont reçu, à titre de propriétaires, une part du sol. Depuis 1864, des assemblées élues, espèces de conseils généraux chargés de délibérer sur les affaires locales, ont été établies, par gouvernement et par district de gouvernement, dans une grande partie de l'empire. Une institution plus ancienne et plus vivante est celle du *mir* ou communauté rurale : le mir est propriétaire de la plus grande partie du sol; l'assemblée communale, composée des chefs de famille, administre le mir et assure, par des partages périodiques, un lot de la terre indivise aux individus valides.

Statistique. — *Superficie :* 5,800,000 kilomètres carrés, dont 470,000 pour la lieutenance du Caucase.

Population : 95 millions d'habitants (16 habitants par kilomètre carré), dont 6,600,000 pour la lieutenance du Caucase. Les régions les plus peuplées sont : la *Pologne;* le gouvernement de *Moscou* et les gouvernements du centre groupés au sud de Moscou; la *Petite Russie.* La population est très clairsemée dans la dépression ouralo-caspienne et dans les régions septentrionales.

Villes de plus de 100,000 habitants. — Saint-Petersbourg, 930,000 habitants; Moscou, 750,000; Varsovie, 430,000; Riga, 170,000; Kharkov, 165,000; Odessa; 155.000; Kazan,140,000; Kichinev,130,000; Kiyev,127,000, Lodz, 113,000; Saratov, 112,000; Tiflis, 104,000.

Races. — La population de la Russie se compose de trois éléments principaux : la race slave, de beaucoup la plus nombreuse et qui a peu à peu refoulé ou absorbé les autres races; la race finnoise et la race tartare, éparpillées aujourd'hui en divers groupes.

Slaves. Ils comprennent :

1° Les Russes (les trois quarts de la population de l'empire), divisés en trois groupes : les *Grands Russes* ou Moscovites, qui ont leur centre à Moscou, et qui exercent une influence prépondérante par le nombre et le langage; les *Petits Russes*, qui ont leur centre à Kiyev et qui s'étendent jusque dans la monarchie austro-hongroise, où ils sont désignés sous le nom de Ruthènes; les *Russes Blancs* (Vitebsk, Minsk, Mohilev), les moins nombreux.

2° Les *Polonais* (6 millions), dans les bassins de la Vistule et de la Warta.

Finnois, de même famille que les Magyars. A l'ouest, ils forment quelques groupes compacts : *Finlandais* (les cinq sixièmes de la population de la Finlande); Esthes (Esthonie, Livonie septentrionale). Au nord et à l'est, ils se trouvent en groupes dispersés : Lapons (à l'ouest de la mer Blanche); Samoyèdes (à l'est de la mer Blanche); Ziranes (bassins supérieurs de la Petchora et de la Dvina du nord); Mordves, Tchérémisses (Volga moyen); Votiaks (bassin de la Kama).

Tartares, de même famille que les Turcs. Ils sont disséminés : à l'est, dans le bassin moyen (Kazan) et inférieur du Volga; au sud, dans la Crimée et les steppes voisines. — A la famille turque se rattachent aussi les Bachkirs (partie méridionale des monts Oural) et les Kirghiz (dans la steppe, depuis la rive orientale du bas Volga jusqu'au centre de l'Asie).

On compte encore, aux extrémités de l'empire, de nombreuses races : Lettons (Livonie méridionale, Courlande) et Lithuaniens (bassin du Niemen); Roumains (Bessarabie); Kalmouks, de race mongole (dans la steppe, à l'ouest du bas Volga). Les *Allemands*, maîtres du sol et du commerce dans les *provinces baltiques* (Esthonie, Livonie, Courlande), y composent la classe dirigeante. Les *Juifs* sont nombreux (3 millions) dans la partie occidentale de l'empire : *Pologne*, Lithuanie et Russie Blanche, Petite Russie (Berditchev), Nouvelle Russie.

La lieutenance du Caucase renferme un grand nombre de races (Circassiens, Géorgiens, Arméniens).

Le français est parlé habituellement par les hautes classes de la société russe.

Religions. — La religion *grecque orientale* est pratiquée par la plus grande partie de la population; toutefois, en dehors de l'église officielle, se sont formées de nombreuses sectes dissidentes, désignées sous le nom général de *raskol*. Les catholiques sont en majorité en Pologne et en Lithuanie, les luthériens dans les provinces baltiques et la Finlande. Les Tartares, les Bachkirs, les Circassiens sont musulmans; les Kalmouks sont bouddhistes.

Finances. — Le budget est d'environ 3 milliards de francs. Le capital de la dette publique est d'environ 18 milliards de francs.

Armée. — Le service militaire est *obligatoire*. Effectif : pied de paix, 900,000 hommes; pied de guerre, 2 millions d'hommes et, avec la milice, 3 millions.

Places fortes. — Places du quadrilatère de Pologne, entre la Vistule et le Boug : *Novo-Géorgiyevsk* (au confluent de la Vistule et du Boug); Varsovie; Ivangorod (au confluent de la Vistule et de la Wieprz); Brest-Litovskiy. En arrière : Kiyev.

Flotte : 390 navires, dont 39 navires blindés, et y compris plus de cent bateaux-torpilleurs; 26,000 hommes d'équipage.

Ports de guerre : Kronstadt; Nikolayev.

Géographie économique. — La principale production de la Russie est la production agricole. La

Russie occupe le premier rang en Europe pour la culture du lin (gouvernements du centre), du chanvre et des céréales en général; pour la production du blé, elle vient immédiatement après la France. Le blé est récolté surtout dans la Terre noire et la Pologne. La culture de la *betterave* à sucre a reçu de grands développements.

Les régions vinicoles sont la *Transcaucasie*, le versant septentrional du Caucase, la Russie méridionale (Bessarabie, Crimée).

Les forêts couvrent les deux cinquièmes du territoire (le centre et le nord).

De tous les pays d'Europe, la Russie est celui qui possède le plus de bétail (*moutons*, bœufs, chevaux). La steppe élève de nombreux troupeaux.

La pêche est très abondante dans le Volga et la *Caspienne* (esturgeon, avec les œufs duquel on prépare le caviar). Les régions froides du nord fournissent les animaux à *fourrure*.

L'*Oural* central renferme de nombreuses exploitations minérales (or, platine, fer, cuivre). Les environs de *Bakou* fournissent des quantités de naphte de plus en plus considérables. La *houille*, dont l'extraction est encore peu active, se trouve en abondance dans le bassin du *Donetz*. Les steppes renferment de nombreuses couches de sel.

L'industrie n'est pas aussi développée que dans l'Europe occidentale et centrale: elle n'en a pas moins, pour le marché intérieur, une importance très sérieuse. La Pologne (Varsovie, Lodz), la Russie centrale (Moscou) sont les grandes régions manufacturières. L'industrie principale est celle des tissus (*coton*, laine). La fabrication du sucre, la tannerie (*cuirs de Russie*), la distillerie (alcool de pommes de terre et de grains), la préparation des suifs sont des industries considérables.

Commerce extérieur annuel : 4 milliards de francs. La Russie exporte des céréales, du *bois*, du lin, du chanvre, du bétail, du naphte; elle importe du *thé*, des tissus, des objets en métal, de la houille.

Le rouble, comme monnaie de compte, vaut 4 francs.

La Russie frappe des pièces d'or au même poids et au même titre que les pièces françaises de 20 francs. — La verste, mesure itinéraire, vaut 1,067 mètres. — Le calendrier julien, employé par les Russes, est actuellement en retard de 12 jours sur le calendrier grégorien.

Nijniy-Novgorod, avec sa foire annuelle, est le premier marché de la Russie. Les quatre principaux ports de commerce sont Saint-Petersbourg, Odessa, Riga, Revel. Odessa et les ports de la mer Noire et de la mer d'Azov exportent le blé; Riga et les ports de la Baltique, ainsi qu'Arkhangelsk, exportent le bois.

Canaux. — *Jonction entre la Caspienne et la Baltique.* 1º Canal de Vichniy-Volotchok, joignant la Tvertza, affluent de gauche du Volga, à la Msta, affluent du lac Ilmen; 2º canal de Tikhvin, joignant la Mologa, affluent de gauche du Volga, au lac Ladoga; 3º canal de Marie, joignant la Cheksna, affluent de gauche du Volga, au lac Onega.

Jonction entre la Caspienne et la mer Blanche. 1ºCanal de Koubinskoye, joignant la Cheskna à la Soukhona, branche occidentale de la Dvina du nord : 2º canal de Catherine, joignant la Kama à la Vitchegda, branche orientale de la Dvina du nord.

Jonction entre la Baltique et la mer Noire. 1º Canal de Lepel, joignant la Dvina occidentale à la Berezina; 2º canal Oginski, joignant le Niemen au Pripet; 3º canal Royal, joignant le Boug, affluent de la Vistule, au Pripet.

Le canal d'Augustovo joint le Niemen à la Vistule par le Narew.

Un *canal maritime de Saint-Petersbourg à Kronstadt* (27 kilomètres de long, 6 mètres 10 de profondeur) a été ouvert en 1885, à travers les bas fonds de l'embouchure de la Neva.

Chemins de fer (27,000 kilomètres). — Saint-Petersbourg à Kœnigsberg (et de là Berlin, Paris) par Dunabourg, Vilna, Kovno.

Saint-Petersbourg à Varsovie (et de là Cracovie, Vienne) par Dunabourg, Vilna, Grodno.

Saint-Petersbourg à Moscou par Tver.

Saint-Petersbourg à Revel ; à Helsingfors.

Moscou à Varsovie par Smolensk, Minsk, Brest-Litovskiy.

Moscou à Sebastopol par Toula, Orel, Koursk, Kharkov, avec embranchement sur Taganrog.

Moscou à Odessa par Toula, Orel, Koursk, Kharkov, Poltava.

Moscou à Vladikavkas par Riazan, Voronej, Rostov. De cette ligne se détachent à l'est trois grands embranchements : sur Orenbourg par Samara ; sur Saratov ; sur Tzaritzin.

Moscou à Nijniy-Novgorod.

Kœnigsberg à Odessa par Brest-Litovskiy. — Vilna à Kharkov par Minsk, Bobrouisk. — Riga à Tzaritzin par Dunabourg, Vitebsk, Smolensk, Orel.

Dans la Transcaucasie : Batoum à Bakou par Tiflis.

Histoire. — A la fin du xviie siècle, les limites de l'empire russe s'étendaient jusqu'à l'Océan glacial et jusqu'à la Caspienne et englobaient la Sibérie. Mais la Russie était séparée de la Baltique par les possessions suédoises, de la mer Noire et de la mer d'Azov par les possessions turques.

Dès 1703, Pierre le Grand construisait Saint-Petersbourg, au fond du golfe de Finlande. Victorieux de Charles XII, il donnait à la Russie accès sur la Baltique et enlevait à la Suède (paix de Nystad, 1721) la Carélie, l'Ingrie, l'Esthonie, la Livonie.

Catherine II donna à la Russie accès sur la mer Noire et la mer d'Azov. Elle enleva aux Turcs Azov et le littoral entre le Don et le Boug, affluent du Dniepr (paix de Kaïnardji, 1774) ; la Crimée et le Kouban (1783) ; le littoral entre le Boug et le Dniestr (paix de Jassy, 1792). Les partages de la Pologne (1772, 1793, 1795) portèrent, à l'ouest, les limites de la domination russe jusqu'au Niemen et au Boug, affluent de la Vistule. Les traités de 1815 ont ajouté au territoire russe la plus grande partie de la Pologne proprement dite (partagée, au xviiie siècle, entre la Prusse et l'Autriche) et donné à la Russie Varsovie, le cours moyen de la Vistule et le cours supérieur de la Warta.

Alexandre I conquit sur les Suédois la Finlande (1809), sur les Turcs la Bessarabie (paix de Bucharest, 1812) entre le Dniestr, le Pruth et l'embouchure septentrionale (bras de Kilia) du Danube. Par la guerre de l'émancipation de la Grèce, Nicolas I acquit même de la Turquie (paix d'Andrinople, 1829) le delta du Danube ; mais, après la guerre de Crimée, la paix de Paris (1856) rejeta les Russes à quelque distance au nord du bas Danube. Après une nouvelle guerre, le traité de Berlin (1878) a reporté la frontière de Russie au bras de Kilia.

Dépendances. — Outre la *Transcaucasie*, l'empire russe comprend en Asie : la *Sibérie* ; la steppe des

Kirghiz; le *Turkestan,* soit, pour la plus grande partie, à titre de domination directe (Tachkent. Samarkand, Kokan, le territoire transcaspien), soit à titre de protectorat (khanats de Boukhara et de Khiva). Les possessions russes renferment plus du tiers de l'Asie, mais seulement une faible partie de la population (14 millions d'habitants, y compris la Transcaucasie).

Sibérie. Les Russes ont pénétré en Sibérie vers la fin du XVIᵉ siècle. Ils ont occupé peu à peu la Sibérie proprement dite au XVIIᵉ siècle, puis, dans la seconde moitié du XVIIIᵉ siècle, les Kouriles, la partie nord de l'île de Sakhalin, le territoire d'Alaska (Amérique russe). Ils se sont fait céder par la Chine (1858) la vallée de l'Amour, par le Japon (1875), en échange des Kouriles, le sud de l'île de Sakhalin. Ils ont abandonné (1867) aux États-Unis le territoire d'Alaska.

Kirghiz. Au XVIIIᵉ siècle, les Russes ont soumis peu à peu les Kirghiz, depuis le fleuve Oural jusqu'au lac Balkach. De 1830 à 1845, ils ont soumis les Kirghiz depuis le lac Balkach jusqu'aux montagnes de l'Ala-Taou, puis ils ont remonté la vallée de l'Ili.

Turkestan. Dès Pierre le Grand, les Russes ont tenté des expéditions contre Khiva. Au XIXᵉ siècle, ils se sont avancés progressivement, par le nord et le nord-est, jusqu'au lac Aral et jusqu'au Sir-Daria. En 1864, ils ont commencé à organiser la province du Turkestan russe. Ils ont enlevé Tachkent (1865) au khan de Kokan, Khodjent (1866) et Samarkand (1868) au khan de Boukhara. Après la prise de Khiva (1873), ils se sont fait céder par le khan de Khiva le delta de l'Amou-daria et le cours inférieur (rive droite) de cette rivière. En 1876, ils ont annexé le Kokan. Ils tiennent sous leur protectorat les khanats de Boukhara et de Khiva.

Des établissements militaires, fondés en 1868 par les Russes sur la rive orientale de la Caspienne, ont servi d'origine à la province transcaspienne. De là, les Russes se sont avancés à l'est contre les Turcomans, le long de la bordure septentrionale du plateau de l'Iran. Ils ont soumis les Turcomans Tekkés (1881), occupé Merv (1883). Ils ont assuré leur route par la construction, commencée en 1880, du chemin de fer transcaspien qui, partant de la Caspienne et traversant le désert, atteint aujourd'hui Samarkand.

Caucase. Au sud du Caucase, les Russes ont annexé en 1801 la Géorgie (Tiflis) que Catherine II avait déjà placée sous leur protectorat. Ils ont enlevé à la Perse en 1813 le Daghestan (Derbent) et le Chirvan (Bakou), en 1828 la province d'Érivan et la frontière de l'Aras; à la Turquie en 1829 (paix d'Andrinople) le littoral entre le Caucase et la mer Noire (Poti). Ils ont ainsi entouré de toutes parts les montagnards du Caucase central qu'ils ont achevé de réduire en 1864. Au traité de Berlin (1878), ils se sont fait céder par la Turquie Batoum et Kars.

PÉNINSULE HISPANIQUE

ESPAGNE ET PORTUGAL

—

Bornes. — Pyrénées, golfe de Gascogne ou de Biscaye. Atlantique. Détroit de Gibraltar. Méditerranée.

Côtes. — *Golfe de Biscaye*. La côte est rocheuse et escarpée. — Ports : Saint-Sébastien; *Bilbao* (sur le Nervion); *Santander*.

Atlantique. Caps Ortegal, *Finisterre*. — Cap da *Roca;* estuaire du Tage; cap *Saint-Vincent*. — Cap Trafalgar, pointe de Tarifa. Détroit de Gibraltar.

Ports : *Le Ferrol*, port de guerre; *La Corogne*. — Porto (sur le Douro); Lisbonne (sur le Tage). — *Cadix*.

La côte nord-ouest de l'Espagne (Galice) est rocheuse et découpée de *baies* profondes qui offrent d'excellents abris (baies du Ferrol, de Pontevedra, de Vigo). La côte du Portugal est plate et sablonneuse, sauf dans sa partie centrale et au sud-ouest, où elle est formée de falaises. Le littoral méridional de la péninsule est le plus souvent sablonneux et marécageux jusqu'aux approches du détroit de Gibraltar.

Méditerranée. Baie d'Algeciras, pointe d'Europe. Caps de *Gata*, de Palos, de la Nao. *Golfe de Valence*. Cap *Creus*, Cap Cerbère.

Ports : Gibraltar (à l'Angleterre). Malaga; *Carthagène*, port de guerre; Alicante; *Valence;* Tarragone; **Barcelone.**

Iles Baléares (Majorque, avec le port de *Palma; Minorque,* avec Port-Mahon; Ibiza.)

La côte est le plus souvent haute et rocheuse depuis le détroit de Gibraltar jusqu'au cap de Palos, basse (lagunes dites Mar Menor, Albufera de Valence) depuis le cap de

Palos jusqu'au delta de l'Ebre, et de nouveau bordée de roches au nord de ce delta.

Relief. — La péninsule hispanique est une haute terre massive, très accidentée, découpée par les eaux en crevasses profondes. Les principaux systèmes montagneux sont : le plateau central, les Pyrénées, la sierra Nevada.

Plateau central ou plateau des Castilles. Il s'incline de l'est à l'ouest et du nord au sud; il se compose ainsi de *deux étages* : étage supérieur (Vieille-Castille et Léon, 1,000 à 700 mètres), étage inférieur (Nouvelle-Castille et Estremadure (600 mètres). L'intérieur du plateau est formé généralement de *hautes plaines* sans arbres, propres à la culture des céréales. Il est surmonté, de l'est à l'ouest, par deux rangées de montagnes : 1º entre l'étage supérieur et l'étage inférieur, une série de massifs très âpres qui séparent les bassins du Douro et du Tage (sierra de Guadarrama, sierra de Gredos, sierra de Gata); 2º sur l'étage inférieur, des montagnes moins hautes qui commencent au sud de Tolède et séparent les bassins du Tage et du Guadiana (*monts de Tolède*, sierra de Guadalupe).

Le plateau central a pour bordures :

1º Au nord, les monts Cantabres.

2º Au sud, la sierra Morena. Du côté du nord, elle se confond avec la haute plaine de la *Manche*; du côté du sud, elle tombe en pentes escarpées sur la vallée du Guadalquivir. Col de Despeñaperros (route et chemin de fer de Madrid à Cordoue).

3º A l'est, des massifs montagneux (Pico de Urbion, source du Douro; *Moncayo;* sierra de Albarracin, source du Tage) ou de hautes plaines dont le revers abrupt est sur le versant de la Méditerranée. La ligne de faîte entre l'Atlantique et la Méditerranée, parfois désignée sous l'appellation générale de *monts Ibériens*, ne suit pas une chaîne de montagnes continue. Dans le haut bassin du Guadiana notamment, elle traverse un renflement du sol sans relief bien marqué.

4º A l'ouest, un talus très accidenté qui détermine aussi

la frontière du Portugal. Au delà de cet affaissement du plateau se relève, en Portugal, le màssif de la serra da *Estrella*.

Pyrénées. Les *Pyrénées continentales* séparent l'Espagne de la France, depuis le cap Cerbère jusqu'aux environs du col de Bélate. Elles forment une chaine continue, ont leur plus grande épaisseur et leur plus grande élévation au centre (massif de la **Maladetta**, avec le pic de *Néthou*, 3,404 mètres; massifs du Posets, du mont Perdu) et s'abaissent à l'est (col du Pertus, route de Figuières à Perpignan; col de la Perche, route de Puycerda à Perpignan) et à l'ouest (*Somport* ou col de Canfranc, route de Jaca à Oloron; col de Roncevaux, route de Pampelune à Saint-Jean-Pied-de-Port; col de Bélate, route de Pampelune à Bayonne). — Sur le versant espagnol, les Pyrénées sont précédées parallèlement par de longs contreforts, ravinés, dénudés, difficiles à traverser[1].

A l'ouest du col de Bélate, les Pyrénées, qui n'ont plus qu'un millier de mètres d'altitude, accidentent la Biscaye et vont rejoindre les monts Cantabres. On donne parfois à cette partie des Pyrénées et aux monts Cantabres groupés ensemble l'appellation générale de *Pyrénées maritimes*.

Sierra Nevada. Elle forme la partie culminante d'un ensemble de montagnes qui s'étendent parallèlement à la côte, du cap de Gata au détroit de Gibraltar. Son principal sommet (le **Mulahacen**, 3,481 mètres, avec un glacier) est le plus haut de la péninsule.

Entre le plateau central et les Pyrénées est la *plaine de l'Ebre* moyen (Aragon); entre le plateau central et la sierra Nevada est la *plaine du Guadalquivir* (Andalousie).

Entre les Pyrénées et la sierra Nevada une ligne de massifs montagneux s'étend le long de la Méditerranée[2].

---

[1] Pour les Pyrénées, voir mes *Éléments de Géographie, France*.

[2] Points culminants : sierra de Guadarrama, 2,400 mètres ; sierra de Gredos, 2,662. Monts de Tolède, 1,550. Monts Cantabres, 2,678. Sierra Morena, 1,800. Pico de Urbion, 2,246; Moncayo, 2,346. Serra da Estrella, 2,291. Posets, 3,367 ; mont Perdu, 3,352.

Cours d'eau. — Ils présentent pour la plupart un caractère *torrentiel*. Ils ont un débit très irrégulier, une pente très forte, traversent des crevasses profondes. Les plus grands ne sont guère navigables qu'à leurs extrémités.

Versant du golfe de Biscaye et de l'Atlantique. Le Nervion passe à Bilbao.

Le *Minho* est grossi à gauche du Sil.

Le *Douro* finit à Porto. Il reçoit à droite le *Pisuerga* qui passe à Valladolid.

Le Mondego passe à Coïmbre.

Le *Tage* passe à Tolède, et forme un estuaire vaste et profond sur lequel est Lisbonne. Parmi les torrents qu'il reçoit à droite est le Jarama, qui a pour petit affluent le Manzanarès qui passe à Madrid.

Le *Guadiana* passe à Badajoz.

Le *Guadalquivir* passe à *Cordoue*, Séville, jusqu'où remonte la marée. Il reçoit à gauche le *Genil* qui a des eaux abondantes, alimentées par les glaces du Mulahacen où il prend sa source, et passe à *Grenade*.

Versant de la Méditerranée. Le Segura passe à *Murcie*. — Le Jucar. — Le Guadalaviar passe à Valence.

L'*Ebre* passe à *Saragosse*. Il reçoit : à droite, le Jalon ; à gauche, l'Aragon ; le Gallego, qui finit à Saragosse ; le *Sègre*.

Le Llobregat. — Le Ter passe à Gérone.

Climat. — Le climat de l'Espagne est le plus souvent *chaud et sec ;* sur le plateau des Castilles, il est extrême et présente de brusques variations de température. Le versant du golfe de Biscaye, la Galice et le Portugal ont un climat marin, plus égal et beaucoup plus humide. *Le Portugal a des eaux abondantes* et des forêts ; les torrents descendus du plateau central prennent en Portugal le caractère de fleuves. — L'extrémité méridionale du Portugal (Algarve), le sud et le sud-est de l'Espagne (Andalousie, Grenade, Murcie, Valence) ont des chaleurs semitropicales ; aux environs de Malaga, on cultive avec succès la canne à sucre.

ESPAGNE.

Géographie politique. — L'Espagne, capitale Madrid, se partage administrativement en 49 provinces (y compris les Baléares et les Canaries), qui portent presque toutes le nom de leur chef-lieu et qu'on peut grouper d'après les divisions historiques suivantes :

Nouvelle-Castille, capitale Madrid. Ville Tolède.

Vieille-Castille, capitale Valladolid. Ville Burgos.

Catalogne, capitale Barcelone.

Aragon, capitale Saragosse.

Navarre, capitale Pampelune.

Provinces basques. Elles comprennent : la Biscaye, capitale Bilbao ; le Guipuzcoa, capitale Saint-Sébastien ; l'Alava, capitale Vitoria.

Asturies, capitale Oviedo.

Galice, capitale Santiago (Saint-Jacques de Compostelle).

Leon, capitale Leon.

Estremadure, capitale Badajoz.

Andalousie, capitale Séville. Villes Cordoue, Cadiz.

Grenade, capitale Grenade. Ville Malaga.

Murcie, capitale Murcie.

Valence, capitale Valence.

Baléares, capitale Palma.

Le royaume d'Espagne est une monarchie constitutionnelle. Les *Cortès* se composent de deux assemblées législatives : le Sénat qui comprend pour moitié des sénateurs de droit (grands d'Espagne, hauts fonctionnaires) et des sénateurs nommés à vie par la couronne, pour moitié des sénateurs élus par des collèges spéciaux (députations provinciales, etc.); la Chambre des députés nommée par des électeurs censitaires.

Statistique. — *Superficie :* 500,000 kilomètres carrés.

Population : 17 millions d'habitants (33 habitants par kilomètre carré). La population est groupée le long des côtes et autour de Madrid.

Villes de plus de 50,000 habitants. — Madrid, 387,000; Barcelone, 243,000; Valence, 140,000; Séville, 131,000; Malaga, 110,000; Murcie, 92,000; Saragosse, 81,000; Grenade, 67,000; Palma, 59,000; Cadiz, 58,000; Valladolid, 50,000.

Langues. — Le castillan, devenu l'espagnol, est parlé par la plupart des habitants; le catalan (Catalogne, Baléares) se maintient à l'état d'idiome local. Le basque (provinces basques, haute Navarre) est une langue absolument à part. — L'espagnol est, avec l'anglais, la langue européenne la plus répandue hors d'Europe : il est parlé, non seulement dans les grandes colonies espagnoles, mais encore dans toute l'*Amérique centrale* et toute l'*Amérique du sud,* sauf le Brésil et les Guyanes.

Religion. — Presque tous les habitants sont *catholiques.* Le catholicisme est la religion d'état.

Finances. — Budget : 900 millions de francs. Capital de la dette publique : 6 milliards de francs.

Armée. — Le service militaire est obligatoire, mais le rachat à prix d'argent est permis. Pied de paix : 130,000 hommes; pied de guerre : 870,000 hommes.

Flotte de guerre : 135 navires, dont 13 frégates blindées; 14,000 hommes d'équipage. Ports de guerre : Carthagène, Cadiz, Le Ferrol.

Géographie économique. — L'Espagne a développé la culture de la vigne; elle ne produit pas seulement, comme autrefois, des vins liquoreux et de luxe (Jerez, Malaga, Alicante), mais encore et surtout des vins de consommation courante. C'est dans le bassin de l'Ebre et dans la Catalogne que la production vinicole est la plus considérable.

Les céréales (*blé,* maïs, orge) sont abondantes sur le plateau des Castilles. Dans les chaudes provinces du sud et du sud-est, certaines régions sont transformées par les irrigations en magnifiques jardins (*vega* de Grenade, *huertas* de Murcie, de Valence) et fournissent beaucoup de légumes et de fruits : oranges de Valence, de Majorque, de l'Andalousie : grenades, abricots, figues. Le riz, dans la province de Valence, la canne à sucre, dans la province de Malaga, sont l'objet de cultures importantes. L'olivier donne d'abondants produits dans la Manche et dans les provinces riveraines de la Méditerranée.

Les plateaux de l'Estremadure et de Leon élèvent de nombreux troupeaux de *moutons*. La Galice élève des bœufs ; la vallée de l'Èbre des taureaux de combat.

L'Espagne est riche en minerais : plomb proprement dit (Linarès, dans l'Andalousie orientale ; environs de Carthagène) et plomb argentifère (province d'Almeria) ; cuivre (mines du Rio-Tinto, près de la côte entre le Guadiana et le Guadalquivir) ; fer (Biscaye, avec les mines de Somorrostro, au nord-ouest de Bilbao ; Asturies) ; mercure (Almaden, au sud de la Nouvelle-Castille) ; houille (Asturies). Le *sel* est fourni principalement par les marais salants de Cadiz.

Les plus importantes régions industrielles sont la Catalogne et, pour la métallurgie, la Biscaye. Barcelone est la première ville industrielle (tissus de *coton*, fonderies, machines, verreries) et le premier port de l'Espagne.

L'Espagne a, comme industries spéciales, la fabrication du chocolat, du papier à cigarettes, des bouchons de liège (Gérone), la sparterie (Almeria et Alicante).

Commerce extérieur annuel : 1 milliard 500 millions de francs. Exportation : vin, *minerai* et métaux, fruits ; importation : tissus, matières à filer, machines, houille.

La peseta vaut 1 franc.

Chemins de fer (9,000 kilomètres). — Bayonne à Madrid par Saint-Sébastien, Vitoria, Burgos, Valladolid ; avec embranchement sur Lisbonne par Valladolid, Salamanque, Coïmbre.

Madrid à Lisbonne par la vallée du Tage ; ou par la vallée du Guadiana, Badajoz.

Madrid à Cadiz par Cordoue, Séville ; avec embranchement de Cordoue à Malaga.

Madrid à Alicante ; avec embranchements sur Carthagène par Murcie et sur Valence.

Madrid à Saragosse par la vallée du Jalon.

Saragosse à Barcelone par Lerida. — Saragosse à Pampelune et, par la haute vallée de l'Èbre, à Vitoria.

Perpignan à Barcelone par Gérone. — Barcelone à Valence par Tarragone.

Dépendances et colonies. — *En Afrique :* Présides du Maroc (Ceuta), *Canaries* qui font partie administrativement de l'Espagne ; côte occidentale du Sahara, entre le cap Bojador et le cap Blanc ; possessions du golfe de Guinée (Fernando-Po, Annobon).

En Amérique : Cuba, Puerto-Rico.

En Océanie : Philippines, iles Soulou ; Marianes, Carolines, iles Palaos.

Population des colonies : 8 millions d'habitants, dont 1,500,000 pour Cuba (capitale La Havane, 200,000 habitants) et 5,500,000 pour les Philippines (capitale Manille, 180,000 habitants).

Histoire. — Conquise par les Arabes (bataille de Jerez, 711), l'Espagne recouvra peu à peu son indépendance durant une lutte de sept siècles. Divers royaumes chrétiens, dont celui des Asturies fut le point de départ, furent formés avec les territoires enlevés aux musulmans. Au milieu du xve siècle, l'Espagne comprenait trois royaumes chrétiens (Castille, Aragon, Navarre) et le royaume maure de Grenade.

Ferdinand et Isabelle, dans la seconde moitié du xve siècle, donnèrent à l'Espagne l'unité territoriale. Ils unirent par leur mariage la Castille (Isabelle) et l'Aragon (Ferdinand). Ils enlevèrent aux Maures leurs derniers territoires (prise de Grenade, 1492). En 1512, Ferdinand conquit sur la maison d'Albret la Navarre espagnole.

Les Espagnols étendirent leurs domaines hors de la péninsule. Au Roussillon, aux Baléares, à la Sardaigne, à la Sicile, que l'Aragon possédait depuis plusieurs siècles, Ferdinand ajouta (1503) le royaume de Naples disputé à Louis XII, roi de France. A l'héritage d'Isabelle et de Ferdinand, Charles-Quint joignit celui de la maison de Bourgogne (Pays-Bas, Luxembourg, Franche-Comté) et annexa (1535) le Milanais.

Depuis le xve siècle, les Canaries faisaient partie du royaume de Castille. La découverte de l'Amérique par Colomb (1492), le voyage de Magellan autour du monde, les conquêtes de Fernand Cortez au Mexique et de Pizarre au Pérou, donnèrent aux Espagnols un immense empire colonial qui comprenait, dans la seconde moitié du xvie siècle, les Grandes Antilles, toute l'Amérique centrale, l'Amérique du sud (à l'exception du Brésil et des Guyanes), les Philippines et dépendances. Mais, dès cette époque, les Pays-Bas hollandais, soulevés contre Philippe II, rejetaient la domination espagnole.

Au xviie siècle, les Français et les Anglais, disputant à l'Espagne les pays d'outre-mer, s'établissaient aux Antilles, et les Anglais enlevaient aux Espagnols (1655) la Jamaïque. Sur le continent européen, la France enlevait à l'Espagne successivement plusieurs de ses provinces (Artois, Roussillon, Flandre, Franche-Comté). A la paix d'Utrecht (1713), l'Espagne avait perdu toutes ses dépendances européennes et Gibraltar conquis par les Anglais en 1704.

A la fin du XVIII⁰ siècle, les nègres de la partie espagnole de l'île de Saint-Domingue fondaient une république indépendante. A la paix d'Amiens (1802), l'Espagne cédait à l'Angleterre l'île de la Trinité. De 1810 à 1825, toutes les colonies espagnoles du continent américain se formaient en républiques.

Aux débris considérables de son empire colonial, l'Espagne a ajouté récemment (1884) la proclamation de son protectora' sur la côte occidentale du Sahara. — Elle avait acquis du Portugal Ceuta en 1668, Fernando-Po et Annobon en 1778.

PORTUGAL.

Géographie politique. — Outre les Açores et Madère, qui se rattachent administrativement au Portugal, le Portugal, capitale Lisbonne, se divise en 17 districts, groupés usuellement en 6 provinces :

Minho, capitale Porto.

Traz os Montes, capitale Bragance.

Beira, capitale Coïmbre.

Estremadure, capitale Lisbonne *(Lisboa)*.

Alemtejo, capitale Evora.

Algarve, capitale Faro.

Le royaume de Portugal est une monarchie constitutionnelle. Les *Cortès* se composent de deux chambres : la Chambre des pairs nommée par le roi; la Chambre des députés élus par les citoyens chefs de famille ou sachant lire et écrire.

Statistique. — *Superficie :* 89,000 kilomètres carrés.

Population : 4,400,000 habitants (50 habitants par kilomètre carré). — Principales villes : Lisbonne, 265,000 habitants; Porto, 105,000; Braga (dans la province de Minho), 20,000.

Langue : Le portugais, qui est aussi la langue du Brésil.

Religion. — La plupart des habitants sont *catholiques*. Le catholicisme est la religion d'état.

Dette : 3 milliards 500 millions de francs.

Armée. — Service militaire obligatoire. Pied de paix : 30,000 hommes; pied de guerre : 125,000 hommes.

Flotte : 55 navires; 2,800 matelots.

Géographie économique. — Principaux produits : vin (Porto), oranges, sel (Setubal), cuivre (à l'est du bas Guadiana). La pêche (sardine) est abondante. L'industrie est peu développée; le commerce maritime est fait en grande partie par des navires étrangers.

Commerce extérieur annuel : 400 millions de francs, dont les cinq huitièmes à l'importation. Le vin est le plus important objet d'exportation. Le Portugal a ses principales relations de commerce avec l'Angleterre.

Le milréïs, monnaie de compte, vaut 5 francs 60.

Chemins de fer (1,800 kilomètres). — Lisbonne à Porto par Coïmbre. De cette ligne se détache un embranchement qui va rejoindre, par la vallée du Mondego et Salamanque, la ligne de Madrid à Bayonne et forme la route la plus directe de Lisbonne à Paris.

Lisbonne à Madrid par la vallée du Tage. Lisbonne à Badajoz.

Dépendances et colonies. — *En Asie :* Goa, Diu. Macao.

En Afrique : *Açores*, Madère, qui se rattachent administrativement au Portugal; îles du Cap Vert; Guinée portugaise (îles Bissagos, Rio Cacheo, Rio Geba, Rio Grande); île San Thomé, île du Prince. *Angola.* Mozambique.

En Océanie : partie orientale de l'île de Timor.

En tout, 3,500,000 habitants.

Histoire. — Le Portugal a été formé de territoires reconquis au moyen âge sur les musulmans. Il a été fondé, à la fin du XIe siècle, par un cadet de la maison ducale de Bourgogne, qui était venu combattre avec les Castillans contre les Maures. D'abord simple comté et fief de la Castille, le Portugal devint un royaume indépendant au XIIe siècle. Dès le XIIIe siècle, il avait atteint ses limites actuelles.

Au XVe siècle, les Portugais commencèrent les grandes découvertes maritimes. Ils reconnurent les mers de l'Afrique occidentale, franchirent le Cap de Bonne-Espérance (Vasco de Gama, 1497) et arrivèrent aux Indes, tandis qu'à l'ouest ils prenaient possession du Brésil découvert (1500) par Alvarez Cabral. Ils portèrent leurs établissements jusqu'au delà du détroit de Malacca, dans la Malaisie et la mer de Chine, et prétendirent, en vertu du droit de découverte, à la propriété des pays dont ils avaient montré la route.

Cet empire colonial n'était pas en proportions avec les ressources de la métropole et, dès le XVIᵉ siècle, le Portugal tombait en décadence. Annexé à l'Espagne de 1580 à 1640, il perdit le Cap, Ceylan, les îles de la Sonde que les Hollandais lui enlevèrent. — Depuis 1822, le Brésil s'est séparé du Portugal et a formé un empire indépendant, gouverné par un prince de la maison de Bragance qui règne en Portugal.

RÉPUBLIQUE D'ANDORRE

Ce petit pays (600 kilomètres carrés, 12,000 habitants) est situé entre la Catalogne et les départements français de l'Ariège et des Pyrénées-Orientales, dans la haute vallée (val d'Andorre) du Balira, affluent de droite du Ségre supérieur. La république d'Andorre est une confédération de six paroisses, gouvernée par un Conseil souverain de 24 membres. En vertu de vieilles traditions féodales, le pays d'Andorre est placé sous la double suzeraineté de la France (qui a succédé aux droits des comtes de Foix et qui est représentée par le préfet des Pyrénées-Orientales) et de l'évêque d'Urgel.

ITALIE

Bornes. — France; Suisse; Autriche. Méditerranée et mer Tyrrhénienne; mer Ionienne; mer Adriatique.

Côtes. — 1° *Méditerranée et mer Tyrrhénienne.* Golfe de Gênes (le littoral s'appelle rivière du Ponent à l'ouest de Gênes, rivière du Levant à l'est); golfe de la

Spezia. Golfes de Gaëte. de **Naples**, de Salerne. Presqu'île de **Calabre**.

Ports : *Savone;* **Gênes**; la **Spezia**, port de guerre. Livourne. Civita-Vecchia. **Naples**; Castellamare; Reggio.

La côte est rocheuse et escarpée sur le golfe de Gênes. Sauf quelques hauts promontoires, elle est basse et marécageuse depuis l'extrémité méridionale du golfe de la Spezia jusqu'au golfe de Naples (*maremmes* de la Toscane; *marais pontins*, depuis l'embouchure du Tibre jusqu'au golfe de Gaëte). Elle est le plus souvent élevée depuis le golfe de Naples jusqu'au golfe de Tarente.

Ile d'Elbe, avec le port de Porto-Ferrajo : divers îlots entre la Corse et la côte de Toscane. Iles à l'entrée du golfe de Naples (Ischia, Capri).

Sardaigne, séparée de la Corse par le détroit dangereux de *Bonifacio;* au débouché oriental de ce détroit se trouvent plusieurs îlots, parmi lesquels les îlots de la Madeleine (*Madalena*) et de Caprera, avec une bonne rade pour les vaisseaux de guerre. Au sud de la Sardaigne, port de *Cagliari*. Les côtes sont généralement basses, bordées de lagunes et insalubres.

Sicile, séparée de la Calabre par le détroit de **Messine**. La côte orientale et surtout la côte septentrionale présentent de bons abris et sont rocheuses; la côte méridionale est basse, sablonneuse, d'accès difficile. Ports : Palerme, **Messine**, Catane. — Iles *Lipari*, volcaniques, au nord-est de la Sicile; îles Ægades, à l'ouest; entre la Sicile et la Tunisie, plusieurs îlots (Pantellaria, Lampédouse) qui dépendent de la Sicile.

2° *Mer Ionienne*. Golfe de Tarente, avec des côtes basses; cap Santa Maria di Leuca. — Tarente, port de guerre.

3° *Mer Adriatique*. Détroit d'Otrante, golfe de Manfredonia, presqu'île du mont *Gargano*. Golfe de Venise. — Ports : *Brindisi; Bari;* Barletta. *Ancône*. Venise.

La côte est élevée au centre, depuis la presqu'île du mont Gargano jusqu'à Rimini. Ailleurs, elle est généralement basse; au nord, elle est bordée de *lagunes* (lagunes de Comacchio, de *Venise*).

Relief. — L'Italie du nord ou Italie continentale est entourée par le demi-cercle des Alpes qui tombent en pente rapide sur la plaine italienne. L'Italie du centre et du sud ou Italie péninsulaire est accidentée, dans sa plus grande partie, par les Apennins. Entre les Alpes et les Apennins se trouve la plaine d'alluvion du Pô, bien arrosée, très fertile, très peuplée.

Alpes [1]. — Au nord-ouest (entre l'Italie et la France) : Alpes maritimes, du col de Cadibone (490 mètres d'altitude) au massif du mont Viso. La section orientale, dont les deux versants appartiennent à l'Italie du col de Cadibone au col de Tende, porte le nom spécial d'*Alpes liguriennes*. Col de Cadibone (route et chemin de fer de Savone à Alexandrie et Turin); col de Tende (route de Turin à Nice par Coni); col de l'Argentière (route de Coni à Barcelonnette).

Alpes cottiennes, du massif du mont Viso au col du mont Cenis. Col du mont *Genèvre* (route de Turin à Briançon par Suse ou par Pignerol); tunnel du Fréjus (chemin de fer de Turin à Paris); col du mont Cenis (route de Turin à Chambéry par la vallée de l'Arc).

Alpes grées, du col du mont Cenis au massif du mont Blanc. Col du Petit Saint-Bernard (route d'Aoste à la haute Isère).

Au nord (sur les confins de l'Italie et de la Suisse, de l'Italie et de l'Autriche) : Alpes pennines; Alpes centrales. Alpes du Bergamasque; massifs de l'Ortler et de l'Adamello; Alpes du Chiese : Alpes cadoriques. Alpes carniques.

Apennins. — Ce sont des montagnes *calcaires*, de hauteur secondaire, sans neiges permanentes et sans glaciers. Les Apennins ont leur plus grande élévation au centre, dans le plateau des Abruzzes; là se trouvent plusieurs sommets qui dépassent 2,500 mètres et dont l'un (le *Gran Sasso d'Italia*) atteint 2,900 mètres.

Les Apennins sont généralement déboisés et ravinés;

____

[1] Voir mes *Éléments de Géographie, France*, et dans le présent volume, les pages 8, 17 et 48.

les pentes sont rapides. Les cours d'eau qui descendent des Apennins ont le caractère torrentiel.

Les Apennins s'étendent du nord-ouest au sud-est, depuis le col de Cadibone jusqu'au golfe de Tarente. La chaîne principale est plus rapprochée de la mer Adriatique que de la mer Tyrrhénienne; à l'ouest, jusqu'à la mer Tyrrhénienne, elle est précédée de nombreux contreforts qu'on désigne sous le nom général de *Subapennin* (Subapennin toscan, romain, napolitain).

Les Apennins se divisent usuellement en :

1° Apennin ligurien, du col de Cadibone au col de la Cisa ou de Pontremoli (route de la Spezia à Parme). Col de Giovi (route et chemin de fer de Gênes à Alexandrie).

Entre le Tanaro et le cours supérieur du Pô, les *collines du Montferrat,* composées d'argile, forment un massif distinct de l'Apennin. Leur point culminant, qui dépasse 600 mètres, est sur la rive droite du Pô, en face de Turin.

L'Apennin ligurien projette sur le Pô un épais contrefort qui forme, en amont de Plaisance, le défilé de la Stradella (route et chemin de fer d'Alexandrie à Plaisance).

2° Apennin toscan, du col de la Cisa aux sources du Tibre. Il est traversé par le chemin de fer de Florence à Bologne.

3° Apennin romain. Il est traversé par le chemin de fer de Rome à Ancône.

4° Plateau des Abruzzes.

5° Apennin napolitain. Les massifs qui le composent sont séparés par de profondes dépressions où passent plusieurs chemins de fer (chemin de fer de Naples à Foggia).

Les montagnes de la Calabre, distinctes des Apennins, sont granitiques, boisées, très accidentées.

La plus grande partie de la Sicile et de la Sardaigne est couverte de montagnes ; la roche dominante est le calcaire en Sicile, le granit en Sardaigne.

Volcans : l'Etna (plus de 3,300 mètres), qui domine la côte orientale de Sicile; le Vésuve (plus de 1,200 mètres), près de Naples; îles Lipari (île *Stromboli*).

Cours d'eau de l'Italie continentale.
— *Versant de l'Adriatique.* 1° Le Pô sort du mont Viso,
passe à Turin, Casal, Plaisance, Crémone. Il forme un delta
marécageux et plusieurs branches dont la principale est le
Pô di Maestra. — Le Pô est navigable depuis le confluent
du Tessin. Il entraîne des alluvions considérables qui
accroissent peu à peu son delta. Il est entouré de digues
continues à partir de Crémone.

Affluents de gauche du Pô. — La plupart sortent des
hauts massifs alpestres, sont alimentés par les neiges permanentes et les glaciers et ont des *eaux abondantes.* Les
principaux traversent, dans leur cours supérieur, les
massifs alpestres, forment, au pied de ces massifs, de
beaux lacs où ils épurent et ralentissent leurs eaux, et
parcourent ensuite de riches plaines d'alluvion.

La Doire-Ripaire (*Doria Riparia*) passe à Suse et finit à
Turin.

La Doire Baltée *(Doria Baltea)* sort du mont Blanc et
traverse le *val d'Aoste.*

La Sesia sort du mont Rose et passe à Verceil.

Le Tessin *(Ticino)* a son cours supérieur en Suisse. Il
sort du massif du Saint-Gothard, passe à Bellinzona et
forme le lac Majeur, dont la plus grande partie appartient
à l'Italie. Il finit au-dessous de Pavie. C'est une rivière
large et profonde.

L'*Adda* sort de l'Ortler, traverse la *Valteline,* forme le
lac de Côme, passe à Lodi et finit au-dessus de Crémone.

L'*Oglio* sort du Tonal, forme le lac d'Iseo et reçoit à
gauche le Chiese.

Le *Mincio* sort du lac de Garde à Peschiera et passe à
Mantoue.

Affluents de droite du Pô. — Pour la plupart, ce sont des
torrents sortis des Apennins. Descendus de montagnes de
hauteur secondaire, ils n'ont le plus souvent qu'un mince
filet d'eau au milieu d'un lit très large et encombré de
cailloux et de gravier; après les grandes pluies ou à la
fonte des neiges, ils remplissent brusquement leur lit et
débordent.

Le **Tanaro** sort des Alpes maritimes, passe à Asti, Alexandrie. Il reçoit : à gauche, la **Stura**, qui sort du col de l'Argentière et passe à Coni ; à droite, la **Bormida**, qui finit à Alexandrie.

A l'est du Tanaro, les affluents de droite du Pô sortent des Apennins : la Trébie finit au-dessus de Plaisance ; le Taro ; la Secchia passe près de Modène.

Plusieurs cours d'eau vont rejoindre le bras méridional du Pô. Le principal est le Reno qui passe près de Bologne.

2° L'**Adige**, sorti du Tirol (à l'Autriche), entre en plaine à *Vérone*, passe à Legnago, puis traverse un pays marécageux et forme de nombreuses dérivations parmi lesquelles le *Canal blanc* qui relie le Pô et l'Adige.

3° E**ntre** l'Adige et l'Isonzo, une série de torrents traversent la Vénétie : le Brenta sort des Alpes cadoriques ; le *Piave*, le Tagliamento sortent des Alpes carniques.

Cours d'eau de l'Italie péninsulaire. Ils viennent des Apennins et ont un caractère torrentiel.

Versant de la mer Tyrrhénienne. L'*Arno* passe à Florence, Pise. — Le Tibre (*Tevere*) passe à Rome. — Le Garigliano. — Le Volturne.

Versant de l'Adriatique. L'Ofanto. — La Pescara sort du plateau des Abruzzes.

Lacs. — Dans la région des Alpes : lacs Majeur, de Côme, de Garde. Dans l'Italie péninsulaire : lacs Bolsena, de Trasimène.

Climat. — L'Italie est renommée pour la *douceur* du climat et la *pureté* du ciel. Dans l'Italie du nord, une partie des côtes de la Ligurie, les rives des lacs alpestres jouissent d'une température remarquablement égale. L'Italie méridionale a un climat semi-tropical (oranger, cotonnier, canne à sucre). — La vallée du Pô est exposée à de sensibles écarts de température ; l'Italie méridionale est sujette aux tremblements de terre : les côtes d'une partie de la Toscane et de la Campagne romaine et les côtes de la Sardaigne sont désolées par la *malaria*.

Géographie politique. — L'Italie, capitale Rome, se divise administrativement, comme la France, en départements, arrondissements, cantons, communes. Les 69 départements *(provincie)* italiens portent, pour la plupart, le nom de leur chef-lieu. On les groupe usuellement d'après les grandes divisions historiques suivantes :

Piémont, capitale Turin.

Ligurie, capitale Gênes.

Lombardie, capitale Milan.

Vénétie, capitale Venise.

Émilie, capitale Bologne. L'Émilie comprend les anciens duchés de Parme et de Modène et la Romagne (Bologne), qui faisait partie des états pontificaux.

Toscane, capitale Florence.

Marches, capitale Ancône.

Ombrie, capitale Pérouse.

Latium, capitale Rome.

Campanie, capitale Naples.

Abruzzes, capitale Aquila.

Pouille, capitale Foggia.

Basilicate, capitale Potenza.

Calabre, capitale Reggio.

Sicile, capitale Palerme.

Sardaigne, capitale Cagliari.

Le royaume d'Italie est une monarchie constitutionnelle avec deux chambres : le Sénat, dont les membres sont nommés à vie par le roi : la Chambre des députés dont les membres sont nommés par des électeurs censitaires.

Statistique. — *Superficie :* 286,000 kilomètres carrés (y compris les îles).

Population : 30 millions d'habitants (105 habitants par kilomètre carré). L'Italie continentale, la Campanie et la Sicile sont très peuplées : la population est rare en Sardaigne.

Villes de plus de 100,000 habitants. — Naples *(Napoli)*, 463,000 habitants ; Milan *(Milano)*, 295,000 : Rome *(Roma)*, 273,000 ; Turin *(Torino)*, 230,000 ; Palerme *(Palermo)*,

205,000 ; Gênes *(Genova)*, 138,000 ; Florence *(Firenze)*, 134.000 ; Venise *(Venezia)*, 124,000 ; Bologne *(Bologna)*, 103,000.

L'émigration italienne est considérable (plus de 200,000 émigrants en 1887). Parmi les émigrants, les uns se déplacent temporairement dans les pays d'Europe (France, Autriche); les autres (plus de 120,000 en 1887) vont se fixer en Amérique et surtout dans la République Argentine.

Langue. — Sauf quelques hautes vallées des Alpes où l'on parle le français (vallées vaudoises, sur le flanc oriental du Viso; hautes vallées de la Doire Ripaire et de la Doire Baltée), l'italien est la langue de tous les habitants. L'italien est encore parlé en Corse et dans une partie du département français des Alpes-Maritimes; dans le Trentin et à Trieste; dans le canton suisse du Tessin.

Religion. — Presque tous les habitants sont *catholiques*. Les Vaudois, de langue française, sont protestants.

Finances. — Budget : 1 milliard 800 millions de francs. Capital de la dette publique : onze milliards de francs. — Le royaume d'Italie fait de grosses dépenses pour l'armée, la flotte et les forteresses.

Armée. — Service militaire obligatoire (3 ans dans l'armée active, 5 ans dans la réserve, 4 ans dans la milice mobile, 7 ans dans la milice territoriale). L'armée permanente (armée active et réserve) est de 265,000 hommes sur le pied de paix, 900,000 hommes sur le pied de guerre. Les forces militaires totales sont, sur le papier, d'environ 2,600,000 hommes.

Flotte de guerre : 140 navires, dont 14 cuirassés, quelques-uns de dimensions énormes; 15,000 hommes d'équipage. — Ports de guerre : la Spezia, Tarente, rade de la Madeleine.

Places fortes. — Dans les Alpes : de nombreux forts du côté de la frontière française, notamment aux cols de Cadibone, de Tende, aux débouchés des cols de l'Argentière et du Genèvre, au col du Cenis. au débouché du val d'Aoste; du côté de la frontière autrichienne, plusieurs forts d'arrêt.

A l'intérieur : dans l'Italie continentale, Alexandrie, Plaisance, les places du quadrilatère (Peschiera, Vérone, Mantoue, Legnago) ; dans l'Italie péninsulaire, Rome.

Sur la côte : Gênes, la Spezia ; ile d'Elbe ; ilots de la Madeleine et de Caprera ; Tarente ; Ancône.

Géographie économique. — Les principaux produits de l'Italie sont des produits agricoles. L'agriculture est très perfectionnée dans l'Italie du nord ; le Piémont oriental, la Lombardie sont traversés par de nombreux *canaux d'irrigation*.

L'Italie est aujourd'hui, avec la France, le pays qui produit le plus de vin (surtout dans les provinces méridionales). Vins fins : le Montferrat ; Montepulciano (Toscane) ; le Vésuve (lacryma-Christi) ; Marsala, Syracuse (Sicile).

L'Italie est le pays qui produit le plus d'huile d'olive (surtout dans les provinces méridionales). — Parmi les cultures importantes, on compte, outre les céréales, le *riz* (Lombardie et Piémont), le *chanvre* (Emilie), les *oranges* (Sicile), les châtaignes (Toscane).

L'Italie est, avec la Chine, le pays qui produit le plus de soie (Lombardie). Les moutons sont nombreux dans les provinces méridionales. Les lagunes de Comacchio renferment d'importantes pêcheries (anguilles). Le corail est pêché sur les côtes de Sicile.

L'Italie a de nombreuses carrières : *marbre* (Carrare, dans les Alpes Apuanes, au sud-est du golfe de la Spezia) ; albâtre. Elle possède peu de combustibles minéraux, mais elle a des mines importantes : soufre (Sicile) ; *plomb argentifère* (Sardaigne) ; *zinc* (Sardaigne) ; *fer* (ile d'Elbe) ; cuivre (Toscane). La Toscane fournit de l'*acide borique*, les iles Lipari de la pierre ponce.

L'industrie manufacturière commence à se développer (*soieries* de Milan ; lainages de la province de Novare).

Parmi les industries spéciales, on compte : la verroterie (Venise et Murano, dans les lagunes de Venise) ; les ouvrages en corail, en albâtre, les camées ; les chapeaux de paille fine ; les pâtes alimentaires ; les fromages (le Parmesan); les salaisons et la charcuterie (mortadelle de Bologne); la confiserie.

Commerce extérieur annuel : 2 milliards 500 millions de francs dont les trois cinquièmes à l'importation. Exportation : produits agricoles (soie, vin, huile); importation : objets fabriqués, céréales, houille.

Gênes est le premier port de commerce, Naples le second.

Le système des monnaies (la lira vaut 1 franc), des poids et des mesures est le même qu'en France.

Chemins de fer (11,000 kilomètres). — Turin à Trieste par Novare, Milan, Brescia, Vérone, Vicence, Padoue, Venise, Udine.

Turin à Tarente par Alexandrie, Gênes, la Spezia, Pise, Civita-Vecchia, Rome, Naples, Potenza.

Turin ou Milan à Brindisi par Plaisance, Parme, Bologne, Rimini, Ancône, Foggia, Bari.

Rome à Venise par la vallée du Tibre, Arezzo, Florence, Bologne, Padoue.

Livourne à Bologne. — Rome à Ancône. — Naples à Foggia. — Bari à Reggio par Tarente et le littoral de la mer Ionienne.

Lignes internationales. — Gênes à Marseille par Savone, Nice.

Turin à Paris par le tunnel du Fréjus.

Milan à Zurich par le tunnel du Saint-Gothard.

Vérone à Innsbruck par l'Adige et le Brenner.

Venise à Vienne par le col de Tarvis. — Venise à Trieste et de là à Vienne.

Histoire. — Une par le langage, l'Italie est restée, depuis le moyen âge jusque dans la seconde moitié du XIXᵉ siècle, morcelée entre de nombreux états.

En 1859, l'Italie comprenait les états suivants : royaume de Sardaigne, capitale Turin (Piémont, Sardaigne, Ligurie; Savoie, comté de Nice), gouverné par la maison de Savoie; royaume lombard-vénitien, à l'Autriche; duché de Parme; duché de Modène; grand-duché de Toscane; états de l'Église, capitale Rome (Latium, Ombrie, Marches, Romagne); royaume des Deux-Siciles, capitale Naples (Campanie, Abruzzes, Pouille, Basilicate, Calabre, Sicile), gouverné par une branche des Bourbons d'Espagne.

L'Italie a commencé son unité, en 1859, sous la direction et au profit de la maison de Savoie. Elle a accompli, avec l'alliance française, la plus grande partie de son unité, elle l'a achevée avec l'alliance prussienne.

A la suite de la guerre d'Italie (1859, Solférino), faite à l'Autriche par la France et la Sardaigne, l'Autriche dut céder (1859) la Lombardie, qui fut jointe au royaume de Sardaigne. Les événements militaires eurent pour contre-coup le soulèvement des duchés de Parme et de Modène, de la Toscane, de la Romagne contre leurs souverains (1859). En 1860, les Deux-Siciles s'insurgeaient à leur tour; les troupes du royaume de Sardaigne enlevaient au pape les Marches et l'Ombrie, puis envahissaient le territoire napolitain. Ces divers pays, joints successivement au royaume de Sardaigne, ont formé officiellement avec lui, en 1861, le *royaume d'Italie*. La Sardaigne avait cédé à la France, en 1860, la Savoie et le comté de Nice.

En dehors du royaume d'Italie restaient encore la Vénétie, à l'Autriche, et le Latium, dernier débris des états de l'Église où les troupes françaises tenaient garnison.

En 1866, le royaume d'Italie, allié à la Prusse contre l'Autriche, obtenait la Vénétie. En septembre 1870, après le rappel des troupes françaises d'occupation, le roi d'Italie prenait possession de Rome.

Le royaume d'Italie a eu successivement pour capitales : Turin en 1861, Florence en 1865, Rome depuis 1871.

Colonies. — Sur la côte africaine de la mer Rouge, l'Italie possède *Assab* et son territoire (au nord-ouest du détroit de Bab-el-Mandeb), qu'elle a commencé à placer sous sa souveraineté en 1870. Sur la même côte, plus au nord, elle occupe de fait Massaoua depuis 1885. Elle essaie d'établir des relations avec le plateau d'Abyssinie.

RÉPUBLIQUE DE SAINT-MARIN

Ce petit état (59 kilomètres carrés, 7,000 habitants), qui subsiste depuis le moyen âge, est situé au sud-ouest de Rimini, sur une montagne escarpée. Il est gouverné par un Conseil de 60 membres.

PRINCIPAUTÉ DE MONACO

Située sur la Méditerranée et enclavée dans le département français des Alpes-Maritimes, cette principauté (21 kilomètres carrés, 12,000 habitants), qui date du moyen âge, a pour ressource la ferme des jeux. Pour les douanes, elle est unie à la France.

PÉNINSULE DES BALKANS

Bornes. — On désigne habituellement sous le nom de péninsule des Balkans la contrée qui formait naguère la Turquie d'Europe et qui comprend aujourd'hui plusieurs états. Les limites naturelles de la péninsule sont : la Save et le bas Danube; la mer Noire; la mer de Marmara et l'Archipel; la mer Adriatique. On rattache habituellement à la péninsule des Balkans la plaine roumaine, entre le bas Danube et les Carpathes. On peut rattacher à la même péninsule la Grèce qui la continue au sud, mais qui, par la délicatesse de sa structure, forme entre l'Archipel, la Méditerranée et la mer Ionienne, une région spéciale que nous étudierons à part.

Côtes. — *Mer Noire.* Delta du Danube, golfe de Varna, cap Emineh, golfe de Bourgas. — Ports : Braïla, Galatz (sur le bas Danube); *Soulina* (à l'embouchure du Danube); Varna; Bourgas. — Au sud du delta bas et marécageux du Danube, la côte est généralement élevée.

Mer de Marmara. Bosphore ou détroit de Constantinople, large de un à deux kilomètres et, au centre, de 550 mètres seulement; détroit des Dardanelles (ancien Hellespont), large de 2 à 6 kilomètres. — Ports : **Constantinople** (baie de la Corne d'Or), à la jonction du Bosphore et de la mer de Marmara; Gallipoli, à la jonction de la mer de Marmara et des Dardanelles. — La côte est formée souvent de falaises; les deux rives du Bosphore sont bordées de bosquets et de villas. Les détroits sont traversés par un courant superficiel qui va de la mer Noire à l'Archipel.

Archipel. Presqu'île de *Gallipoli*, golfe de Saros. Presqu'île de Chalcidique entre les golfes d'Orfani et de Salonique; la Chalcidique est terminée au sud par trois presqu'îles rocheuses et déliées dont la plus orientale est celle du mont *Athos* (plus de 1,900 mètres). — Ports : Dedeagatch (à l'ouest de l'embouchure de la Maritza); Kavala; Salonique. — La côte septentrionale de l'Archipel est marécageuse. — Iles : Thasos, Samothrace, Imbros, Lemnos.

Mer Ionienne et mer Adriatique. — Golfe d'*Arta*; détroit d'Otrante. — Ports : Prevesa, Durazzo, Dulcigno, Antivari. — La côte est rocheuse et escarpée sur la mer Ionienne; sur la mer Adriatique, elle est souvent envasée et marécageuse, depuis le détroit d'Otrante jusqu'à l'embouchure de la Bojana; la côte tourne ensuite au nord-ouest, devient accidentée et très découpée, et forme le littoral de la Dalmatie qui appartient à l'Autriche.

Relief. — La péninsule des Balkans est une haute terre composée de massifs boisés, irréguliers, isolés par de profondes découpures. Les montagnes de la partie occidentale sont parallèles à la mer Adriatique et à la mer Ionienne, et renferment les plus hautes cimes et les plus larges plateaux; les montagnes de la partie orientale sont perpendiculaires à la mer Noire et à l'Archipel.

Dans son ensemble, le relief est constitué de la manière suivante :

1° Au centre, **Plateau de Mésie,** qui renferme les cours supérieurs de l'Ibar, de la Morava bulgare, de l'Isker, de la Strouma, du Vardar. Il est dominé par des sommets de 2,000 à 3,000 mètres : à l'ouest, le *Tchar Dagh;* à l'est, le Vitoch et le Rilo Dagh. Il est traversé par le chemin de fer de Belgrade à Salonique et longé, à l'est, par le chemin de fer de Belgrade à Constantinople.

2° Au nord-ouest, **Monts de Bosnie.** Ils accidentent le Montenegro, l'Herzégovine, la Bosnie et la Dalmatie (la chaîne dalmate est désignée d'ordinaire sous le nom d'Alpes dinariques). Ils se composent de *chaînes parallèles,* formées le plus souvent de terrains crétacés, et constituent un certain nombre de massifs abrupts que surmontent de hautes cimes. Ils ont leurs principales élévations au sud (sommets de 2,000 à 2,800 mètres) et s'abaissent peu à peu au nord.

3° Au sud, **Monts d'Albanie**, continués par le Pinde.

4° Au sud-est, **Rhodope** ou Despoto-Dagh, entre la Strouma et la Maritza.

5° A l'est, **Balkans**. Ils décrivent une courbe parallèle au Danube, depuis le Timok jusqu'au cap Emineh. Au nord, ils s'abaissent en pente douce, sur le Danube, par une série de gradins; au sud, ils tombent en pente rapide sur les plaines de la Thrace. Ils ont leur plus grande élévation au centre (1,700 à 2,300 mètres). Ils présentent d'assez nombreux passages, parmi lesquels le col de Chipka (route de Tirnova à Kazanlik).

6° Au nord, **Monts de Serbie**.

Cours d'eau. *Versant de la mer Noire.* La Save, rive droite, depuis le confluent de l'Unna; le Danube, rive droite, depuis le confluent de la Save jusqu'aux Portes de fer; le bassin inférieur du Danube.

La Save sépare l'Esclavonie (monarchie austro-hongroise) de la Bosnie, puis de la Serbie. Elle finit dans le Danube à *Belgrade*. Elle reçoit à droite : l'Unna, qui sépare la Croatie (monarchie austro-hongroise) de la Bosnie; la Bosna, qui passe à Sarajevo; la Drina, qui sépare la Bosnie de la Serbie.

Le Danube [1], entre le confluent de la Save et les Portes de fer, reçoit à droite la *Morava* formée par la réunion de la Morava serbe et de la Morava bulgare; la Morava serbe reçoit à droite l'Ibar, qui traverse le plateau de Mésie et ouvre la route vers Salonique; la Morava bulgare reçoit à droite la Nichava, qui passe à Nich et ouvre la route vers Sofia et de là Andrinople.

Au-dessous des Portes de fer, le Danube, large et profond, forme de nombreuses îles et de grands marécages. Dominé par les *escarpements de la rive droite* (rive bulgare), il s'étend sur les *plaines basses de la rive gauche* (rive roumaine).

Le Danube passe à Vidin, Nicopoli, Sistova, *Roustchouk* et Giourgevo, Silistrie, *Braïla*, *Galatz*. Il forme un delta

[1] Voir page 51.

marécageux et se divise en trois bras (de Kilia, de Soulina, de Saint-Georges). Il ensable ses embouchures. Une *Commission européenne,* instituée par le traité de Paris (1856) et chargée d'administrer la navigation du bas Danube, a exécuté de grands travaux qui ont rendu le bras de *Soulina* accessible aux navires et lui ont donné une profondeur de 6 à 7 mètres. — Le bas Danube, depuis le confluent du Pruth, et le bras de Kilia séparent la Roumanie de la Russie.

Entre le bas Danube et la mer Noire est la presqu'île de la *Dobroudja,* plateau de steppes presque désert.

Affluents de gauche du Danube. Ils viennent des Carpathes.

L'*Aluta* (en roumain Oltu) a son cours supérieur sur le plateau de Transylvanie et finit en amont de Nicopoli. — L'Ardjisch reçoit à gauche la Dimbovitza qui passe à Bucharest.

Le *Sereth* finit en amont de Galatz. — Le *Pruth,* comme le Sereth, a son cours supérieur dans la monarchie austro-hongroise. Il sépare ensuite la Roumanie de la Russie.

Affluents de droite du Danube. Ils ont leur source dans les Balkans, sauf l'Isker qui traverse ces montagnes.

Le Timok sépare la Serbie de la Bulgarie. — L'*Isker* sort du plateau de Mésie, traverse la haute plaine de Sofia et perce les Balkans. — La Jantra ouvre le col de Chipka et passe à Tirnova.

Versant de l'Archipel. La *Maritza* passe à *Philippopoli, Andrinople.* — La Strouma. — Le *Vardar* passe à Uskub.

Versant de l'Adriatique. Le Drin sort du lac d'Okrida. — La Bojana sert de déversoir au lac de *Scutari.* — La Narenta traverse l'Herzégovine.

Climat. — Au nord des Balkans le climat est sujet, sous l'influence des vents du nord, à de brusques variations et la saison d'hiver est rude; le climat est doux et tempéré au sud des Balkans.

Géographie politique. — 1° Royaume de Roumanie, capitale Bucharest (en roumain *Bucuresci*).

Il comprend : entre le Danube, les Carpathes et le Pruth,
la Roumanie proprement dite divisée historiquement en :
Valachie, à l'ouest, capitale Bucharest, *Moldavie,* à l'est,
capitale Jassy, ville Galatz; le *delta du Danube;* entre le
bas Danube et la mer Noire, la *Dobroudja.* — Monarchie
constitutionnelle avec deux chambres (Sénat et Chambre
des députés), nommées par des électeurs censitaires.

2° Royaume de **Serbie,** capitale Belgrade, ville Nich.
Il comprend le *bassin de la Morava* et est limité à l'ouest
par la Drina, à l'est par le Timok, au nord par la basse
Save et le Danube. — Monarchie constitutionnelle, avec
une assemblée unique, ou *Skoupchtina,* dont les députés
sont, les uns (le quart), nommés par le roi, les autres (les
trois quarts) élus par tout Serbe payant l'impôt, à l'exception des gens à gages; les avocats ne peuvent être élus; le
vote se fait de vive voix. Dans les circonstances exception-
nelles (régence, modifications à la constitution ou au
territoire), on convoque la Grande Skoupchtina dont tous
les membres sont élus par la nation.

3° Principauté de **Montenegro** (en serbe *Csernagora,*
c'est-à-dire Montagne-Noire), capitale Cettinié. Le Montenegro se compose, en grande partie, de plateaux abrupts;
il touche au lac de Scutari et a pour débouchés, sur
l'Adriatique, les petits ports de Dulcigno et d'Antivari. —
Monarchie absolue.

4° **Turquie,** capitale Constantinople. Elle se divise
administrativement en vilayets et comprend les régions
suivantes :

Thrace, capitale Constantinople, ville Andrinople.

Macédoine, capitale Salonique.

Albanie, divisée en : basse Albanie, ou Épire, capitale
Janina (sur le lac du même nom); haute Albanie, capitale
Scutari.

Ile de Crète (encore appelée Candie, d'après le nom que
lui ont donné les Vénétiens), capitale La Canée. La côte
est rocheuse; au nord, elle forme des baies spacieuses.
Ports : La Canée, Retimo, Candie. L'île est occupée de
l'ouest à l'est par une chaîne de montagnes calcaires

et dénudées que domine au centre le massif de l'*Ida* (2,500 mètres).

La Turquie comprend encore nominalement : la Bosnie et l'Herzégovine ; la Roumélie orientale.

La province de Bosnie et d'Herzégovine (¹), capitale Sarajevo, est occupée militairement et administrée par l'Autriche-Hongrie. Elle fait en réalité partie de la monarchie austro-hongrose.

La Roumélie orientale, capitale Philippopoli (en bulgare *Plovdic*) est peuplée de Bulgares et a été formée avec le bassin supérieur de la Maritza et le littoral du golfe de Bourgas. D'après le traité de Berlin (1878), qui l'a organisée, la Roumélie orientale devait, tout en étant dotée de l'autonomie administrative et d'un gouverneur général chrétien, rester placée sous l'autorité politique et militaire directe du sultan. De fait, elle est jointe aujourd'hui à la principauté de Bulgarie.

Le sultan, chef de la religion musulmane, est un souverain absolu. La constitution de 1876, qui établissait un parlement composé de deux chambres, ne fonctionne pas. — Dans l'île de Crète, le gouverneur est assisté d'une assemblée provinciale.

L'empire ottoman renferme en outre :

Comme possessions directes : en Asie, la *Turquie d'Asie*, la partie de l'Arabie située le long de la mer Rouge (Hedjaz, Yémen) ; en Afrique, la province de Tripoli.

Comme pays vassaux : en Europe, la principauté de Bulgarie ; en Asie, la principauté de Samos ; en Afrique, la vice-royauté d'Egypte.

La population des possessions de l'empire ottoman hors d'Europe (possessions directes et pays vassaux) est d'environ 24 millions d'habitants.

5° Principauté de **Bulgarie** (entre le Danube et les Balkans, avec la haute vallée de l'Isker), capitale Sofia. Villes : Roustchouk, Varna, Choumla, Tirnova. D'après le traité de Berlin (1878) qui l'a créée, la Bulgarie forme une

(¹) Voir page 55.

principauté autonome et tributaire sous la suzeraineté du sultan. — Monarchie constitutionnelle, avec une assemblée législative ou *Sobranie*. Les institutions intérieures ont été plusieurs fois remaniées et l'état politique manque de stabilité.

La *Roumélie orientale* est unie de fait à la Bulgarie depuis 1885.

Statistique. — *Superficie :* Roumanie, 130,000 kilomètres carrés ; Serbie, 48,000 ; Montenegro, 9,000 ; Turquie, possessions immédiates (non compris la Bosnie, la Roumélie orientale et la Bulgarie), 165,000 ; Bulgarie, 64,000, et Roumélie orientale, 35,000.

Population. — Roumanie, 5,400,000 habitants (41 par kilomètre carré) ; Serbie, 2 millions (41 par kilomètre carré) ; Montenegro, 230,000 (26 par kilomètre carré) ; Turquie, possessions immédiates, 4,500,000 (27 par kilomètre carré) ; Bulgarie, 2 millions, et Roumélie orientale, 1 million (30 par kilomètre carré).

Constantinople, 875,000 habitants ; Bucharest, 220,000 ; Jassy, 90,000 ; Galatz, 80,000 ; Salonique, 60,000 ; Andrinople, 60,000 ; Belgrade, 35,000 ; Philippopoli, 30,000 ; Sofia, 20,000 ; Cettinié, 1,200.

Races. — **Slaves.** Ils forment la majorité de la population. Ils se divisent en : Serbes, à l'ouest (Serbie, Montenegro, Bosnie et Herzégovine) ; Bulgares, à l'est des deux côtés des Balkans (Bulgarie, Roumélie orientale, majeure partie de la Macédoine). Les Bulgares sont d'origine asiatique ; mais, depuis des siècles, ils sont slavisés.

Roumains (Roumanie).

Grecs (Thrace, littoral de l'Archipel et régions avoisinantes, Chalcidique, Épire, îles de l'Archipel, Crète). — Les Albanais, de même famille que les Grecs, sont divisés en clans et très belliqueux.

Turcs. Ils ne forment qu'une faible partie de la population et sont clairsemés au milieu des autres races. Leurs groupes principaux sont à Constantinople, à Andrinople, à Salonique.

Les Juifs sont nombreux en Roumanie, surtout en Moldavie.

Religions. — La majeure partie des habitants appartient à la religion grecque orientale (Serbes et Bulgares, Roumains, Grecs). Les Turcs, la plus grande partie des Albanais, les nobles de Bosnie sont musulmans.

Forces militaires. — Dans les divers états de la péninsule des Balkans, le service militaire est obligatoire. L'organisation militaire a pour base le système qui appelle progressivement sous les armes tous les hommes valides. — La flotte de la Turquie est assez considérable et comprend, entre autres navires, 15 navires cuirassés.

Géographie économique. — Sous le rapport du travail et des productions, la péninsule des Balkans est un pays *arriéré*. La terre est peu cultivée, les gîtes métallifères sont imparfaitement reconnus, l'industrie existe à peine. Les routes sont rares; dans les provinces restées soumises à la domination turque, la statistique est incertaine.

La péninsule des Balkans a pourtant d'importantes ressources naturelles : de vastes forêts, des minerais variés, de riches plaines et beaucoup de vallées fertiles. Elle se prête à la culture des céréales, et surtout du maïs (blé de Turquie), et des fruits. Elle produit du vin, du tabac, de la soie et, dans sa moitié méridionale, de l'huile, du coton.

C'est dans la plaine roumaine que l'agriculture a reçu le plus de développements. La Roumanie exporte beaucoup de céréales (froment, maïs) par les ports du bas Danube. Elle exploite, dans les Carpathes, des mines de sel gemme.

La Serbie a des vignobles assez étendus; ses principaux produits sont les porcs, dont les troupeaux paissent sous de grandes forêts de chênes, et les prunes. La Bosnie exporte de même beaucoup de prunes.

La Bulgarie récolte des céréales. La Roumélie orientale (Kazanlik) cultive les roses pour la distillation.

La Thrace et la Macédoine ont d'importants produits

agricoles : *soie, raisins secs,* céréales, huile d'olive, tabac, laine.

En Turquie, les intermédiaires habituels du commerce sont les Grecs, les Juifs, les Arméniens.

L'unité de monnaie est, en Turquie, la piastre qui vaut 22 centimes. En Roumanie, en Serbie, en Bulgarie le système monétaire est le même qu'en France.

Chemins de fer. — Dans la plaine roumaine, le réseau des chemins de fer est assez développé (2,000 kilomètres). Il comprend principalement : 1° La ligne de Moldavie, dirigée du nord au sud, de Lemberg et Czernowitz à Galatz par la vallée du Sereth, avec embranchement sur Jassy et de là Kichinev, Odessa. 2° La ligne de Valachie, dirigée de l'est à l'ouest, en zigzags, de Galatz aux Portes de fer, et desservant Bucharest, avec embranchement sur Giourgevo par Bucharest.

La ligne la plus directe de Paris à Constantinople a passé jusqu'ici par Vienne, Budapest, les Portes de fer, Bucharest, Giourgevo, puis, en Bulgarie, Roustchouk, Varna et de là, en bateau à vapeur, Constantinople.

Des jonctions récemment achevées (1888) entre divers tronçons de voies ferrées établissent, à travers la péninsule des Balkans, des communications continues entre l'Europe occidentale et centrale et Salonique et Constantinople, savoir :

Belgrade (déjà relié à Vienne par Szabadka, Budapest) à Salonique par la vallée de la Morava, Nich, Vrania, la vallée du Vardar.

Belgrade à Constantinople par la vallée de la Morava, Nich, Pirot, Sofia, la vallée de la Maritza, Philippopoli, Andrinople. — Un embranchement déjà ancien relie Andrinople au port de Dédéagatch par le cours inférieur de la Maritza.

Histoire. — Vers la fin du XIIIe siècle, les Turcs ottomans commençaient à établir leur domination dans l'Asie-Mineure sur les débris de la sultanie seldjoucide de Konieh et de l'empire grec. Au milieu du XIVe siècle, ils passaient en Europe et soumettaient, en un siècle et demi, les divers états dont se composait l'Europe au sud-est (bataille de Kossovo, 1389, et destruction de l'empire serbe; bataille de Nicopoli, 1396, et destruction de l'empire bulgare; prise de Constantinople, 1453, et destruction de l'empire grec). Au XVIe siècle, ils s'emparaient de la plaine hongroise. Maîtres de la Crimée depuis la seconde moitié du XVe siècle, ils étendaient leur autorité sur les steppes qui bordent la mer d'Azov et la mer Noire septentrionale.

Hors d'Europe, après avoir acquis peu à peu toute l'Asie-Mineure, ils ajoutaient à leur empire, au XVIe siècle, la Syrie, l'Égypte et les villes saintes d'Arabie, et le sultan devenait, comme successeur du dernier des khalifes. le chef religieux de tous les musulmans. Ils plaçaient sous leur domination directe ou sous leur suzeraineté la côte africaine de la Méditerranée jusqu'aux frontières du Maroc.

Au XVIIᵉ siècle, ils faisaient encore sur les Vénitiens la conquête de Candie (1669). Mais, dès la fin du même siècle, leur domination territoriale commençait son mouvement de recul. Les Autrichiens recouvraient la Hongrie (paix de Carlowitz, 1699) et plus tard (1777) obtenaient la Bukowine, distraite de la Moldavie. Les Russes, au XVIIIᵉ siècle, acquéraient le littoral de la mer d'Azov, la Crimée et le littoral de la mer Noire jusqu'au Dniestr (paix de Kaïnardji, 1774, et d'Yassy, 1792).

Au commencement du XIXᵉ siècle. l'empire ottoman comprenait, dans l'Europe du sud-est, sous sa domination directe, les régions situées au sud de la Save, depuis le confluent de l'Unna, et du bas Danube. Seul, le Monten gro, protégé par ses rochers, maintenait de fait son indépendance. Entre le bas Danube et les Carpathes, la Valachie et la Moldavie formaient chacune une principauté vassale des Turcs. Bientôt la Moldavie était diminuée de la Bessarabie (entre le Dniestr, le Pruth et le bras de Kilia) que les Russes (paix de Bucharest, 1812) enlevaient à l'empire ottoman.

La Serbie, en 1804. la Grèce, en 1821, se soulevaient contre les Turcs. À la paix d'Andrinople (1829), la Grèce devenait complètement indépendante; la Serbie était érigée en principauté vassale de la Porte; la Valachie et la Moldavie, opprimées. depuis le XVIIIᵉ siècle, par des hospodars de race grecque que les Turcs leur envoyaient de Constantinople et qu'ils changeaient souvent, recevaient chacune le droit d'élire à vie un hospodar national. La Russie prenait sous son protectorat ces deux principautés, ainsi que la Serbie, et ajoutait à son propre territoire le delta du Danube.

Le traité de Paris (1856) rejeta les limites de la Russie à quelque distance au nord du bras de Kilia et à l'est du Pruth inférieur; le lambeau de territoire (Bessarabie roumaine) entre le bras de Kilia, le Pruth et la nouvelle frontière russe fut donné à la Moldavie; les bouches du Danube furent rendues aux Turcs. Le traité de Paris enlevait aussi à la Russie le protectorat exclusif des principautés de Serbie, de Valachie et de Moldavie et plaçait l'existence de ces états sous la garantie collective des grandes puissances.

La Valachie et la Moldavie devaient continuer à former chacune un état distinct. Mais. en 1859. ces deux pays. qu'habite une même race, élisaient le même prince. Les puissances européennes reconnaissaient (1861) le fait accompli et Bucharest devenait la capitale unique des Principautés-Unies. qui prenaient bientôt le nom de Roumanie.

En Serbie. les Turcs. qui avaient conservé le droit d'occuper les places fortes. devaient les évacuer en 1867.

La guerre (1877-1878) faite par la Russie à la Turquie et le traité de Berlin (1878) qui l'a suivie ont eu pour résultat le démembrement de l'empire ottoman :

Les principautés de Roumanie, de Serbie et de Montenegro ont été déclarées absolument indépendantes de l'empire ottoman ; elles ont reçu des accroissements territoriaux aux dépens de cet empire. En échange de la Bessarabie roumaine qu'elle a dû abandonner aux Russes, la Roumanie a reçu le delta du Danube et la Dobroudja ; la Serbie a obtenu le bassin supérieur de la Morava (Nich, Pirot, Vrania) ; le Montenegro s'est étendu au delà de ses rochers et est entré en possession d'un débouché sur l'Adriatique (Antivari, et de plus, en 1881, Dulcigno, en échange de territoires à l'abandon desquels les Albanais se sont refusés).

La Bulgarie était constituée en principauté autonome et tributaire, sous la suzeraineté du sultan ; la Thrace septentrionale, peuplée de Bulgares, devait, tout en restant sous l'autorité politique et militaire directe du sultan, former, sous le nom de Roumélie orientale, une province autonome, administrée par un gouverneur général chrétien, nommé pour 5 ans par la Porte avec l'assentiment des puissances.

La Bosnie et l'Herzégovine devaient être occupées militairement et administrées par l'Autriche-Hongrie, à l'exception du district de Novi-bazar sur lequel l'Autriche se réservait seulement le droit d'occupation militaire. — Quelques semaines avant le traité de Berlin, l'Angleterre, par une convention séparée, avait obtenu de la Porte l'administration de l'île de Chypre.

En exécution des promesses du traité de Berlin, la Turquie a abandonné à la Grèce, en 1881, la Thessalie et le sud-est de l'Épire.

La principauté de Roumanie, en 1881, celle de Serbie, en 1882, se sont érigées en royaume. — En 1885, la Roumélie orientale a renversé son gouverneur nommé par le sultan. Depuis cette époque, elle est unie de fait à la Bulgarie.

Hors d'Europe, l'empire ottoman, au XIXᵉ siècle, a vu se constituer en Egypte la puissance de Mehemet-Ali, consacrée, en 1841, à titre de vice-royauté héréditaire, vassale du sultan ; il a dû abandonner aux Russes (1829, 1878) le littoral oriental de la mer Noire et une partie de l'Arménie. L'Algérie, la Tunisie, placées naguère sous la suzeraineté du sultan, dépendent aujourd'hui de la France.

GRÈCE

Bornes. — Turquie. Archipel. Méditerranée. Mer Ionienne.

Côtes. — Golfes de *Volo*, de Lamia ; cap Colonne. Golfe d'*Égine*. — Presqu'île du Péloponèse, avec l'isthme de Corinthe, les golfes d'Argos, de Laconie, le cap Matapan, le golfe de Messénie. — Golfes de Patras, de Corinthe. Golfe d'*Arta*.

Sporades; île d'Eubée, avec le détroit de l'Euripe. Iles de Salamine, d'Égine, d'Hydra. Cyclades. — Iles ioniennes.

Ports : Volo; le Pirée, qui sert de port à Athènes; Nauplie, port de guerre. Kalamata. *Patras*. — *Syra* (dans les Cyclades); Corfou, Zante (dans les îles ioniennes).

La côte est le plus souvent haute, *rocheuse*, très *découpée*, surtout à l'est; le littoral oriental de la Grèce et les îles offrent d'excellents abris. La côte de la mer Ionienne est basse à l'ouest du Péloponèse et au sud-ouest de la Grèce continentale (marécages de Missolonghi).

Relief. — La Grèce, ainsi que les îles qui en dépendent, est très *accidentée;* la plus grande partie du sol est composée de roches calcaires; la seule plaine d'une étendue considérable est la *plaine de Thessalie*. La Grèce forme un grand nombre de petits bassins indépendants, séparés par des verrous de montagnes. L'ensemble des montagnes peut se résumer dans le système du Pinde (Grèce continentale) et le plateau d'Arcadie (Péloponèse).

Montagnes de la Grèce continentale. — Elles font partie du système du **Pinde**. Le Pinde proprement dit se dirige du nord au sud jusqu'au massif de l'Œta et domine, à l'ouest, la plaine de Thessalie. — A l'est de la Thessalie, les montagnes, alignées du nord au sud, bordent la côte de l'Archipel jusqu'au golfe de Volo (massifs de l'Olympe, 2.975 mètres, de l'Ossa, du Pélion). Au sud de la Thessalie, la chaîne de l'Othrys s'étend, de l'ouest à l'est, jusqu'au golfe de Volo. — Le Pinde enfin projette, à l'ouest et au sud-ouest, les montagnes de l'Epire, de l'Acarnanie et de l'Etolie.

Au massif de l'Œta se rattachent, par le sud, deux chaînes : la plus orientale fait face à l'Eubée et forme, sur le golfe de Lamia, le passage des Thermopyles; la plus occidentale renferme des sommets fameux (*Parnasse*, Hélicon, Cithéron, Pentélique, Hymette) et se termine au cap Colonne. Ces deux chaînes renferment entre elles un bassin intérieur, marécageux et fertile, la Béotie, avec le lac Copaïs qu'on travaille actuellement à dessécher.

L'isthme de Corinthe est bas et n'a que 6 kilomètres de long.

Montagnes du Péloponèse. — C'est un ensemble de plateaux et de montagnes qui se rattachent au **Plateau central d'Arcadie.** Au sud de ce plateau, la chaîne du *Taygète* domine à l'ouest la petite plaine de Laconie et finit au cap Matapan.

Cours d'eau. — Ils sont peu considérables.

Versant de l'Archipel. La Salamvrias arrose la plaine de Thessalie, passe à Larisse et forme à son extrémité, entre l'Olympe et l'Ossa, la vallée de Tempé.

Versant de la Méditerranée. L'Eurotas traverse la plaine de Laconie.

Versant de la mer Ionienne. L'Alphée sort du plateau d'Arcadie. — L'Aspropotamos forme un delta. — L'Arta sépare la Grèce de la Turquie.

Climat. — Variable suivant les nombreuses petites régions entre lesquelles se divise la Grèce, il est, dans son ensemble, chaud et sec.

Géographie politique. — La Grèce, capitale Athènes, se divise administrativement en 16 nomarchies qu'on peut grouper de la manière suivante :

1° Grèce continentale et Eubée. Villes : Athènes, le Pirée (Attique); Larisse (Thessalie); Missolonghi (Etolie); Chalcis (Eubée). De l'île d'Eubée dépendent, au nord-est, les Sporades.

2° Péloponèse ou Morée. Villes : Patras (Achaïe); Tripolis (Arcadie); Argos (Argolide).

3° Cyclades, savoir : *Syra,* avec le port de Syra; Andros; Tinos; Naxos; Paros; Milo; groupe volcanique des îles Santorin.

4° Iles Ioniennes, savoir : *Corfou,* Paxos, Leucade (ou Sainte-Maure), Ithaque (ou Thiaki), *Céphalonie, Zante;*

dans la Méditerranée proprement dite, Cérigo (Cythère).
Villes : Corfou, Zante.

Le royaume de Grèce *(Hellas)* est une monarchie constitutionnelle avec une chambre unique, élue par le suffrage
universel et direct.

Statistique. — *Superficie:* 64,000 kilomètres carrés.

Population : 2 millions d'habitants (31 habitants par
kilomètre carré). Les îles de Syra, de Zante, de Céphalonie
et de Corfou sont les régions les plus peuplées.

Villes principales : Athènes, 85,000 habitants; le Pirée,
35,000; Patras, 25,000; Syra, 21,000; Corfou, 16,000;
Zante, 16,000; Larisse, 13,000.

Race. — La race grecque ou hellénique, qui a pour
langage le grec, peuple, outre la Grèce, l'Épire, le pourtour de l'Archipel et de la mer de Marmara, le sud-est de
la Thrace, les îles de l'Archipel, Rhodes, la Crète, Chypre,
la plus grande partie du littoral méridional et une partie
du littoral septentrional de l'Asie-Mineure.

Religion. — Presque tous les habitants appartiennent à
la religion grecque orientale.

Finances. — Budget : 90 millions de francs. Dette :
425 millions.

Armée. — Service obligatoire. Pied de paix : 27,000 hommes.

Flotte. — Une quarantaine de navires, dont 2 navires
de ligne cuirassés.

Géographie économique. — La Thessalie
est fertile en céréales : néanmoins la Grèce ne produit pas
assez de blé pour sa consommation.

La principale culture, qui se développe de plus en plus,
est celle de la vigne. Elle a surtout pour objet la production des raisins secs (Péloponèse, îles ioniennes). Patras est
le port qui exporte le plus de ces raisins, dits de Corinthe.
Les *Cyclades* (Santorin) donnent un *vin* estimé. La Grèce
produit encore de l'huile d'olive, du tabac, des figues.
Corfou se distingue par l'abondance de ses fruits (oranges).

L'industrie est peu importante. L'industrie minière est représentée par l'extraction du *plomb* au *Laurion* (extrémité sud de l'Attique), en Eubée et dans les Cyclades. Les autres industries de quelque importance relative sont la tannerie et, au Pirée, la fabrication des cotonnades.

Commerce extérieur annuel : 250 millions de francs. Exportation : *raisins secs*, plomb ; importation : *céréales*, tissus.

Le système monétaire (la drachme vaut 1 franc) est le même qu'en France.

Le Pirée est le premier port de commerce.

Les moyens de communication sont peu nombreux à l'intérieur, bien que la Grèce ait construit récemment quelques centaines de kilomètres de voies ferrées. L'activité commerciale est concentrée sur la mer ; la *marine marchande* de la Grèce est relativement considérable ; composée surtout de voiliers de faible tonnage, elle fait le cabotage sur les côtes et dans les îles de l'Archipel. Les Grecs ont beaucoup d'aptitude pour le commerce dont ils sont, dans l'empire ottoman, les principaux agents.

En construction : *canal de Corinthe*, canal maritime à niveau (6 kilomètres de long, 8 mètres de profondeur).

Chemins de fer (600 kilomètres). — Athènes au Pirée, Athènes à Corinthe, Corinthe à Nauplie ; Corinthe à Patras. — Volo à Larisse.

Histoire. — Conquise par les Turcs dans la seconde moitié du xv⁰ siècle et soumise directement à leur domination jusqu'au xix⁰ siècle, la Grèce s'est soulevée en 1821. Le traité d'Andrinople (1829) consacra l'indépendance de la Grèce dont les limites septentrionales furent marquées par une ligne tirée du golfe de Volo au golfe d'Arta.

En 1864, la Grèce a acquis les îles ioniennes cédées par l'Angleterre. Ces îles, après avoir appartenu durant plusieurs siècles à Venise, étaient, après la chute de cette République (1797), passées sous diverses dominations ; les traités de 1815 les avaient données à l'Angleterre à titre de protectorat.

En exécution des promesses du traité de Berlin (1878), la Grèce a reçu de la Turquie, en 1881, la Thessalie et le sud-est de l'Épire (entre le Pinde et la rive gauche de l'Arta).

TABLE DES MATIÈRES

Bordeaux. — Imp. G. Gounouilhou, rue Guiraude, 11.

BULLETIN

DE LA SOCIÉTÉ DE GÉOGRAPHIE COMMERCIA[LE]

DE BORDEAUX

Publié par le Comité de rédaction

JACQUES GEBELIN, RÉDACTEUR EN CHEF

Le *Bulletin* paraît deux fois par mois, par fascicules [de] 32 pages in-8°. — Trois mois, 3 francs; six mois, 6 francs; [un] an, 10 francs. — (Siège : à la Bourse de Bordeaux.)

Bordeaux. — Imp. G. GOUNOUILHOU, rue Guiraude, 11.

www.ingramcontent.com/pod-product-compliance
Lightning Source LLC
LaVergne TN
LVHW012303170726
843503LV00002B/612